10
18

12, AVENUE D'ITALIE. PARIS XIII^e

## *Sur l'auteur*

Hitomi Kanehara, nouvelle enfant terrible de la littérature japonaise, est née en 1983. Autodidacte, au sortir d'une adolescence rebelle, elle a écrit ce premier roman, *Serpents et piercings*, qui lui a valu le prestigieux prix Akutagawa et qui s'est vendu à deux millions d'exemplaires au Japon.

HITOMI KANEHARA

# SERPENTS ET PIERCINGS

Traduit de l'anglais
par Brice MATTHIEUSSENT

10
18

*« Domaine étranger »*

*dirigé par Jean-Claude Zylberstein*

GRASSET

Titre original :
*Snakes and Earings*


ISBN 978-2-264-04486-0

« Tu sais ce que c'est, une langue fourchue ?

— Une langue fendue en deux ?

— Oui, comme la langue d'un serpent ou d'un lézard. Sauf que parfois... cette langue n'appartient ni à un serpent ni à un lézard. »

Il a enlevé la cigarette d'entre ses lèvres et tiré la langue. L'extrémité en était clairement fendue en deux, comme celle d'un serpent. Alors, stupéfaite, je l'ai regardé soulever le côté droit de sa langue, puis coincer adroitement sa cigarette dans la partie la plus étroite du V.

« Ouah... »

Ç'a été ma première rencontre avec une langue fourchue.

« Pourquoi t'essaierais pas, toi aussi ? » fit-il.

Et sans réfléchir, poussée par mon seul instinct, j'ai acquiescé.

Se faire une langue fourchue est d'habitude un truc de cinglés. On appelle ça « modification corporelle ». Mais ça ne m'a pas empêchée de l'écouter avec attention m'expliquer comment on s'y prenait. Apparemment, on commence par se faire percer la langue. Puis on agrandit peu à peu le trou en y insérant des implants de plus en plus gros. Ensuite, quand le trou a atteint une certaine taille, on y installe du fil dentaire ou du fil de pêche en anneaux très serrés qui vont du trou jusqu'au milieu de la langue. Enfin – et c'est la phase de l'opération qui n'est pas pour les poules mouillées – on tranche la partie restante de la langue encore intacte en utilisant soit un scalpel soit une lame de rasoir. En fait, certaines personnes ne prennent même pas la peine de suivre ce processus de piercing et de nœuds très serrés –, elles se fendent tout simplement la langue en deux avec un scalpel.

« Quand même, c'est pas risqué ? Je veux

dire, les gens à qui on tranche la langue, d'habitude ils meurent, non ? demandai-je.

— Y a aucun risque. On cautérise la langue pour l'empêcher de saigner. Mais ça, c'est juste la méthode rapide. Moi j'ai commencé avec le clou de langue. Ça prend du temps, d'accord, mais c'est nettement mieux pour avoir une découpe bien propre. »

L'idée d'un fer à cautériser pressé contre une langue ensanglantée m'a donné la chair de poule, même si je ne suis pas tout à fait étrangère à certains types de modification corporelle.

Mon truc jusqu'à maintenant, c'était les boucles d'oreilles. Et pour décrire mes piercings d'oreilles, je crois que je ferais mieux de commencer par expliquer comment on les mesure. L'épaisseur d'un bijou se décrit d'ordinaire selon un calibre ; plus le nombre est petit, plus grand le trou. Les premières boucles d'oreilles sont d'habitude du calibre 16 ou 14, c'est-à-dire environ 1,5 millimètre de diamètre. Après le calibre 0 vient le 00, qui correspond à environ 9,5 millimètres de diamètre. Tout ce qui dépasse un centimètre de diamètre se mesure en fractions de calibre. Mais pour être honnête, dès qu'on dépasse le 00 on devient membre d'une sorte de tribu et on ne se demande plus si on a l'air mignonne ou pas. Dans mon cas, j'ai deux boucles d'oreilles de calibre 0 à l'oreille droite et mon oreille gauche arbore, de bas en haut, trois boucles d'oreilles de calibre 0, 2 et 4. Comme on s'en doute, j'ai pas mal morflé pour agrandir ces trous dans mes oreilles; mais j'ai même pas commencé d'imaginer mes souffrances si je faisais subir le même traitement à ma langue.

Je portais des boucles de calibre 16 jusqu'à ce que je rencontre Eri, une fille de deux ans mon aînée, un soir dans un club, et que je tombe amoureuse de ses boucles d'oreilles 00. Quand je lui ai dit qu'elles étaient vraiment cool, elle m'a offert des douzaines de ses anciennes boucles qui allaient de 12 à 0, en me disant : « Quand on en est à mon stade, on peut plus en porter des plus petites. » Passer de 16 à 6 a été facile, mais le passage de 4 à 2, puis de 2 à 0 a vraiment fait mal. Le trou saignait sans arrêt, mes lobes restaient enflés et rouges. La douleur a constamment palpité dans mes oreilles pendant deux trois jours. J'ai aussi hérité la philosophie d'Eri qui stipulait de ne jamais utiliser d'agrandisseurs, moyennant quoi j'ai mis trois mois pour arriver au calibre 0. J'envisageais de passer au 00 le soir où j'ai rencontré le type à la langue fourchue. J'étais accro au stretching, je crois que ça a augmenté mon intérêt pour son histoire de langue fourchue. Et puis j'ai remarqué qu'il semblait vraiment aimer ça.

Quelques jours plus tard je suis allée avec Ama l'homme-serpent à *Desire* – une sorte de boutique punk/alternative installée dans l'entresol d'une ruelle, à la lisière du quartier shopping & loisirs. La première chose que j'ai vue en entrant, c'est la photo en gros plan d'un vagin à la vulve percée, et les murs étaient couverts de photos de scrotums percés et de tatouages. A l'intérieur, il y avait aussi un grand choix de bijoux ordinaires et d'accessoires divers. Sans oublier une abondante sélection de fouets et de fourreaux à bite. Fondamentalement, c'était un magasin pour pervers.

Ama a appelé et la tête d'un type est apparue derrière le comptoir. Il devait avoir vingt-quatre ou vingt-cinq ans, un dragon tatoué se lovait à l'arrière de son crâne rasé.

« Salut, Ama. Ça fait un bail.

— Lui, voici Shiba-san. C'est son magasin. Shiba-san, voici ma copine Lui. »

Je ne me considérais vraiment pas comme la copine d'Ama, mais je n'ai pas protesté et je me suis inclinée pour le saluer.

« Ah, je vois. Tu t'en es trouvé une mignonne. »

Je me suis sentie légèrement mal à l'aise.

« Nous sommes venus pour qu'elle se fasse percer la langue.

— Sans blague ? Alors comme ça, même les poupées Barbie se font percer la langue, hein ? » s'étonna Shiba-san en me regardant d'un air goguenard.

« Je suis pas une poupée Barbie.
— Elle veut aussi une langue fourchue », ajouta Ama en riant pour me taquiner, comme s'il n'avait pas entendu ce que je venais de dire.

Je me suis rappelé avoir entendu un jour dans un magasin de piercing qu'après les parties génitales la langue était l'endroit du corps le plus douloureux à percer. Je commençais à me demander si c'était une bonne idée de laisser faire un type comme lui.

« Approche-toi et montre-moi ta langue », dit Shiba-san.

Je me suis approchée du comptoir et j'ai tiré la langue. Shiba-san s'est légèrement penché en avant et il a dit :

« Bah, elle m'a l'air plutôt mince, ça devrait pas faire trop mal. »

Je me suis sentie vaguement soulagée.

« Mais quand on commande du bœuf grillé, c'est pas la langue qui est la plus dure après l'estomac ? » fis-je.

Je me demandais depuis un moment si se faire percer un trou dans une partie aussi résistante du corps n'était pas dangereux.

« Bonne question, dit Shiba-san. Eh bien, ça fera forcément plus mal que de te faire percer les oreilles. Je veux dire, c'est un trou qu'on te fait dans la langue. Ça fait forcément mal.

— L'effarouche pas, Shiba-san. Si j'ai pu le faire, Lui, je vois pas pourquoi tu pourrais pas.

— Je te rappelle quand même que tu t'es évanoui. Bon, amène ta petite langue par ici. »

Shiba-san m'a fait signe de passer derrière le comptoir en souriant, et j'ai remarqué que son sourire était torve. Il avait des piercings dans les paupières, les sourcils, les lèvres, le nez et les joues. Au point qu'ils dissimulaient son expression, rendant presque impossible de savoir ce qu'il pensait. J'ai aussi remarqué qu'il avait le dos des mains couvert de cicatrices boursouflées. Je les ai d'abord attribuées à un éventuel accident. Mais après les avoir mieux observées du coin de l'œil, j'ai remarqué que chaque brûlure formait un cercle d'environ un centimètre de diamètre – à peu près la taille du bout incandescent d'une cigarette, si vous voyez ce que je veux dire. Ce type semblait complètement dingue. Ama était la première personne de ce genre que je rencontrais. Et maintenant il y avait Shiba-san, qui n'avait pas la langue fourchue, mais tellement de piercings sur le visage qu'il en devenait intimidant. Ama et moi avons suivi Shiba-san dans la pièce de derrière. Je me suis assise sur la chaise en tubes que Shiba-san m'a indiquée, et j'ai regardé la pièce. Il y avait un lit, quelques instruments à l'air bizarre, et puis bien sûr des photos louches sur tous les murs.

« Tu fais aussi des tatouages ici ? demandai-je.

— Oui. Je suis un artiste tatoueur. Mais j'ai fait appel à quelqu'un pour faire celui-ci, dit-il en montrant son crâne.

— Le mien aussi, il vient d'ici », ajouta Ama.

Le soir de ma rencontre avec Ama, nous avions parlé de langues fourchues et il m'avait ramenée chez lui. Il avait photographié tout le processus de la langue fendue, à partir du premier trou et de son agrandissement, jusqu'au coup de scalpel final. J'ai examiné ces photos l'une après l'autre. Ama avait augmenté le diamètre de son implant jusqu'au 00, si bien qu'il lui restait seulement cinq millimètres à couper au scalpel, mais la blessure avait beaucoup saigné. Ensuite, Ama m'a montré un site web *underground* incluant une vidéo du processus de la langue fendue. A la grande surprise d'Ama, j'ai regardé cette vidéo encore et encore. Je ne savais pas pourquoi elle m'excitait à ce point. Un peu plus tard dans la nuit j'ai couché avec lui. Ensuite, quand il m'a montré son dragon tatoué, je me suis dit que moi aussi je me ferais faire un tatouage, quand ma langue serait fendue.

« Je veux un tatouage.

— Vraiment ? dirent en même temps Shiba-san et Ama.

— Cool. Ça va être génial. Les tatouages sortent beaucoup mieux sur les femmes que sur les hommes. Surtout sur les jeunes femmes. On peut tatouer des dessins vraiment minutieux sur une peau aussi fine, dit Shiba-san en me caressant le haut du bras.

— Shiba-san. Mélange pas tout. D'abord la langue.

— Ah, oui. »

Shiba-san s'est penché en avant pour prendre un perceur dans un sachet en plastique accroché au râtelier en acier. C'était un pistolet de piercing ordinaire utilisé pour percer les oreilles.

« Tire la langue. Alors, tu le veux où, ce trou ? »

J'ai tiré la langue et montré un endroit situé à environ deux centimètres du bout. D'une main experte, Shiba-san m'a essuyé la langue avec un bout de coton avant de mettre un point noir à l'endroit que je venais de lui indiquer.

« Pose le menton sur la table. »

Je me suis exécutée et penchée en avant, la langue toujours tirée. Shiba-san a placé une lingette sous ma langue et inséré le clou dans le perceur. Mais dès que j'ai vu le clou, j'ai assené une claque sur le bras de Shiba-san et secoué la tête.

« C'est quoi le problème ?

— C'est un 12, n'est-ce pas ? Tu ne comptes pas commencer avec ça, j'espère ?

— Ouais, c'est un 12. Enfin, tu vois personne avec du 16 ou du 18 sur la langue, quand même ? Ça ira très bien.

— S'il te plaît, prends un 14. »

J'ai supplié Ama et Shiba-san pour les convaincre d'utiliser un 14 à la place du 12. Je choisissais toujours un 14 ou un 16 au début pour me percer les oreilles. Shiba-san a placé un clou de calibre 14 et dit :

« C'est bien là que tu le veux, hein ? »

J'ai acquiescé légèrement et serré les poings. J'avais déjà les paumes moites, visqueuses. Shiba-san a positionné le pistolet à piercing, dont il a posé le bout sur la lingette. Il a lentement fait glisser le perceur sur ma langue. J'ai senti le clou métallique et froid sous ma langue.

« Prête ? » demanda doucement Shiba-san. J'ai levé les yeux et fait un petit signe de tête. « Allez, on y va », dit-il en posant le doigt sur la détente. Ses paroles m'ont poussée à imaginer Shiba-san en train de baiser. Je me suis demandé s'il avertissait les filles de son orgasme avec cette même voix douce. La seconde suivante j'ai entendu un bruit métallique et des frissons beaucoup plus violents que ceux de l'orgasme m'ont secoué tout le corps. J'ai soudain eu la chair de poule sur les bras, un spasme a parcouru mes membres. Mon ventre s'est crispé et, je ne sais pas pourquoi, ma chatte aussi, où j'ai ressenti une démangeaison proche de l'extase. Le pistolet à piercing s'est ouvert en claquant, lâchant le clou. De nouveau libre, j'ai grimacé et rentré la langue. Shiba-san a tourné mon visage vers lui, il a tiré la langue, puis dit :

« Fais voir. »

Les yeux embués, j'ai tiré une langue très engourdie.

« Ça m'a l'air parfait. Il est pile au bon endroit et bien droit. »

Ama s'est glissé entre nous pour regarder ma langue.

« T'as raison. Bravo, Lui », dit-il.

Ma langue me brûlait, j'avais du mal à parler.

« Lui, c'est ça ? fit Shiba-san. Tu supportes bien la douleur. Paraît que les filles sont plus résistantes que les mecs. Y a des gens qui s'évanouissent quand ils se font percer des parties sensibles comme la langue ou le sexe. »

Sans ouvrir la bouche, j'ai fait un signe de tête affirmatif pour leur montrer que je comprenais. Des ondes d'une douleur aiguë me traversaient le corps. J'étais contente d'avoir écouté Ama et d'être venue ici. Si j'avais essayé de le faire moi-même comme j'en avais d'abord eu l'intention, j'aurais sans doute pas pu aller jusqu'au bout.

On m'a donné un peu de glace pour la langue et j'ai senti l'excitation refluer peu à peu. Quand j'ai été plus calme, Ama et moi avons regardé les bijoux proposés dans la boutique. Ama s'est bientôt lassé de ces bijoux pour le corps et il s'est dirigé vers le coin des accessoires S&M. J'ai rejoint Shiba-san qui venait de sortir de la pièce de derrière, et je me suis penchée au-dessus du comptoir.

« Que penses-tu des langues fourchues ? » demandai-je.

Shiba-san a haussé les épaules et dit :

« Je trouve que c'est une idée intéressante, mais contrairement au piercing et au tatouage, ça implique un vrai changement de la forme du corps. Moi, je ferais jamais ça. Je crois que seul Dieu a le droit de le faire. »

Curieusement ses paroles étaient très convaincantes et j'ai vigoureusement acquiescé. J'ai tenté de penser à toutes les modifications corporelles que je connaissais. Il y avait la ligature des pieds, le rétrécissement de la taille avec un corset, l'extension du cou pratiquée par certaines tribus. Je me suis demandé si les appareils dentaires faisaient partie du lot.

« Si tu étais Dieu, quel genre d'êtres humains créerais-tu ? demandai-je.

— Je ne changerais rien à leur apparence. Mais je les rendrais idiots comme des poulets. Si idiots qu'ils n'imagineraient même pas l'existence d'un Dieu quelconque. »

J'ai levé les yeux vers Shiba-san. Il avait prononcé ces paroles avec nonchalance, mais ses yeux brillaient de malice. Ce type, ai-je alors pensé, est vraiment bizarre.

« Un jour, tu me montreras des dessins de tatouages ? ajoutai-je.

— Bien sûr », fit Shiba-san en souriant,

les yeux remplis de bonté. Il avait les yeux d'un marron surnaturel et la peau très blanche. Presque aussi blanche que celle des Blancs.

« Appelle-moi quand tu veux. Même si tu as seulement envie de me poser une question sur ton clou de langue. »

Shiba-san a écrit son numéro de mobile au dos d'une carte de sa boutique, puis il me l'a tendue. Je l'ai prise en le remerciant. J'ai jeté un coup d'œil vers Ama, qui examinait un fouet qu'il venait de prendre en main, puis j'ai glissé la carte dans mon portefeuille, dont la seule vue m'a rappelé que je n'avais pas payé.

« Il faut que je paie, dis-je. C'est combien ?

— T'en fais pas pour ça », dit Shiba-san comme si c'était le cadet de ses soucis.

J'ai posé les coudes sur le comptoir, le menton au creux de mes paumes, et je l'ai regardé. Il était perché sur un tabouret, de l'autre côté. Apparemment gêné par mon observation, il essayait de regarder ailleurs. Le visage toujours détourné, il m'a dit d'une voix décidée :

« Le simple fait de regarder ton visage réveille le sadique en moi.

— Eh bien, comme je suis masochiste, j'émets sans doute ce genre de vibration », dis-je.

Shiba-san s'est levé et m'a enfin regardée dans les yeux avec une grande tendresse, comme s'il regardait un chiot. Il s'est penché en avant pour que ses yeux soient à la hauteur des miens, ses doigts minces m'ont relevé le menton, et il a souri.

« J'aimerais tellement enfoncer une aiguille dans ce joli cou », dit-il, et j'ai eu l'impression qu'il allait éclater de rire.

« Ce S est-il celui de "*Savage*" ? demandai-je.

— Tu as raison. »

Comme je ne m'attendais pas à ce qu'il connaisse le mot anglais, j'ai été un peu surprise.

« Je pensais pas que tu connaissais ce mot, fis-je.

— Je connais un certain nombre de mots effrayants », dit-il avant de m'adresser un sourire à la fois torve et timide.

Complètement malade, pensai-je sans

néanmoins réussir à étouffer en moi le désir de le laisser me faire tout ce qu'il aurait envie de me faire. J'ai posé les bras sur le comptoir, relevé le menton et laissé Shiba-san me caresser le cou.

« Hé, Shiba-san. Arrête de peloter ma copine. »

La voix comique d'Ama s'est interposée entre nous.

« Je procède juste à un examen de sa peau. Pour quand je lui ferai le tatouage.

— Oh. » Le visage d'Ama s'est détendu.

Ensuite, Ama et moi avons acheté quelques boucles d'oreilles et Shiba-san nous a raccompagnés à la porte.

J'avais pris l'habitude de me promener dans la rue avec Ama. Il arborait trois clous pointus de calibre 4 au sourcil gauche et trois autres sur la lèvre inférieure. Et comme si ça ne le rendait pas assez repérable, il portait un débardeur qui rendait bien visible son dragon tatoué et ses cheveux rouges étaient coupés si court sur les côtés qu'on aurait dit une épaisse crête de Mohawk. Quand j'ai vu Ama pour la première fois dans cette boîte techno très sombre, son *look* m'a aussitôt déplu. C'était la première fois que je sortais dans un club où le DJ passait autre chose que du hip-hop ou de la transe, car la plupart des autres clubs que je fréquentais avec mes amis étaient plus classiques. Jusque-là je croyais donc que toutes les boîtes se ressemblaient. Ce soir-là, après m'être séparée d'un ami, un type noir qui parlait anglais avec un accent à couper au couteau m'a convaincue de l'accompagner. C'était bien un club, mais complètement différent de ceux dont j'avais l'habitude. Bientôt fatiguée de toutes ces chansons inconnues, je me suis installée au bar pour boire un verre quand j'ai vu Ama danser d'une drôle de façon. Il détonnait, même au milieu d'une foule aussi bizarre. Nos regards se sont croisés, il a aussitôt marché vers moi et je me rappelle avoir pensé avec étonnement que des types comme lui draguaient aussi les filles. Nous avons parlé de choses et d'autres pendant un moment, puis il m'a branchée sur ses histoires de langue fourchue. Je me rappelle ma fascination devant sa langue mince et serpentine; aujourd'hui encore, je ne comprends toujours pas très bien pourquoi elle m'a tant attirée.

De temps à autre mon clou de langue heurtait mes dents, en émettant un cliquettement imperceptible. Je le touchais du doigt. La douleur était toujours présente, mais ma langue était légèrement moins gonflée. Ama s'est retourné pour me regarder droit dans les yeux.

« Alors, Lui, ça fait quoi d'avoir bientôt une langue fourchue ?

— Je sais pas très bien. Mais je crois que je suis très contente.

— Tant mieux. Je désire partager cette émotion avec toi », dit-il avec un rire exubérant.

Impossible de préciser ce que son rire avait d'exubérant. C'était peut-être lié à la manière dont sa lèvre s'ourlait sous le poids des piercings. Jusque-là, je pensais que les types du genre d'Ama passaient tout leur temps à se défoncer et à baiser, mais je crois maintenant qu'ils ne vivent pas tous comme ça. Ama était toujours gentil et il disait parfois des choses sentimentales qui ne cadraient pas du tout avec son apparence. Quand il m'a emmenée dans sa chambre, il m'a embrassée pendant ce qui m'a paru durer une éternité. Il faisait passer sa langue fourchue sur le clou de ma propre langue et les ondes de douleur qui vibraient dans mon corps étaient agréables. Ensuite, quand nous avons fait l'amour, j'ai fermé les yeux et pensé à Shiba-san. Le bruit de nos souffles haletants résonnait dans la chambre glacée. C'était l'été, il n'y avait pas de climatisation, mon corps était trempé de sueur, mais bizarrement il faisait très froid dans cette chambre. Peut-être parce qu'Ama possédait seulement des meubles en acier.

« Je peux jouir ? » La voix sifflante d'Ama a empli l'espace. J'ai légèrement ouvert les yeux et acquiescé d'un signe de tête.

Alors il s'est retiré pour jouir sur mon pubis.

« Je t'avais demandé de jouir sur mon ventre.

— Désolé, mauvais *timing* », s'excusa-t-il avant de prendre la boîte de Kleenex.

Je suis vraiment furax qu'il ait joui sur mon pubis, car ça rend mes poils tout durs et collants. Je meurs d'envie de me laisser envahir par la torpeur postcoïtale, mais à cause de son incompétence je suis chaque fois obligée de prendre une douche.

« Mets un préservatif si t'arrives pas à jouir sur mon ventre. »

Ama a baissé les yeux et s'est encore excusé. Je me suis essuyée avec un Kleenex avant de me lever.

« Tu prends une douche ? »

Ama semblait si triste que j'ai été arrêtée dans mon élan.

« Oui.

— Je peux t'accompagner ? »

J'ai failli accepter sa proposition. Mais en le voyant allongé là, les fesses toutes nues, avec son air de chien battu, j'ai décidé de refuser.

« Pas question. Aucune envie de me retrouver avec toi dans cet espace exigu. »

J'ai pris une serviette, je suis entrée dans la salle de bains et j'ai verrouillé la porte derrière moi. J'ai tiré la langue vers le miroir du lavabo et regardé la boule argentée posée à son extrémité – ma première étape vers la langue fourchue. J'ai repensé aux paroles de Shiba-san : ne pas agrandir le trou avant un mois au moins. J'avais encore un sacré chemin à faire.

Quand je suis ressortie de la salle de bains, Ama m'a tendu une tasse de café.

« Merci. »

Ama a souri en me regardant boire mon café.

« Mettons-nous sous les couvertures, Lui. »

Je me suis glissée dans le futon à côté d'Ama. Il a enfoui le visage entre mes seins et s'est mis à me sucer un mamelon. Il adorait faire ça et c'était devenu une sorte de rituel pré- et postcoïtal. Je trouvais toujours délicieux qu'il me suce les mamelons, peut-être à cause de sa langue fourchue. Son visage détendu le faisait un peu ressembler à un bébé, ce qui a éveillé un semblant d'instinct maternel, même chez quelqu'un comme moi. Quand j'ai caressé son corps, il a levé les yeux vers moi et souri. Ama exhibait la carapace d'un punk, mais au-dedans battait un cœur chaleureux.

*

« Ouah ! Incroyable ! J'arrive pas à croire que tu l'aies fait ! Ça doit faire un mal de chien. »

Telle a été la réaction de mon amie Maki devant ma langue percée. Puis elle n'a pas cessé de la regarder en faisant la grimace et en répétant « Aïe » encore et encore.

« Quand même, qu'est-ce qui t'a pris ? Toi ? Te faire percer la langue ? Je croyais que tu détestais tous ces punks et ces gamins super funky de Harajuku. »

Maki est une authentique poupée Barbie et l'une de mes meilleures amies. On s'est connues il y a deux ans dans un club et depuis ce soir-là on est restées les meilleures copines du monde. Comme on traîne sans arrêt ensemble, elle connaît bien mes goûts.

« Bon, j'ai rencontré un type, une sorte de punk, expliquai-je. Je crois que je me suis laissé un peu influencer par lui.

— C'est quand même pas commun pour une poupée Barbie comme toi d'avoir un clou de langue, dit-elle. Je veux dire, d'abord tu te fais agrandir les trous dans les oreilles et maintenant voilà que tu te fais trouer la langue. Tu crois que tu vas virer total punk ?

— Maki – je ne suis pas une poupée Barbie », protestai-je, mais elle ne m'écoutait pas.

Elle n'arrêtait pas de déblatérer sur les punks ceci et les punks cela. Je crois que je comprends un peu sa réaction. Je veux dire, quand on y pense, le clou de langue n'est pas vraiment le complément classique de la robe à frou-frou et des boucles blondes. Et alors ? Et puis de toute manière, ce clou de langue ne va pas rester là éternellement. Bientôt il sera remplacé par une langue de serpent.

« Maki, que penses-tu des tatouages ? lui demandai-je, histoire d'alimenter la conversation.

— Les tatouages ? Je trouve que les tatouages, c'est parfois mignon. Par exemple un petit papillon, une rose ou un truc comme ça, tu vois, dit-elle avec un sourire ravissant.

— Je parle pas des trucs à l'eau de rose. Moi je pense aux dragons, aux motifs tribaux, aux estampes japonaises, ce genre de tatouages.

— Tu penses à quoi? fit-elle d'un air scandalisé. Mais qu'est-ce qui te prend? C'est ton nouveau copain punk qui veut que tu t'en fasses un? Vous êtes ensemble tous les deux, ou quoi? Il t'a complètement lessivé le ciboulot? »

J'ai essayé de lui sourire comme si elle disait des âneries, mais en même temps je n'ai pas pu m'empêcher de me demander s'il s'agissait, oui ou non, d'un lavage de cerveau. Dès l'instant où mes yeux se sont posés sur la langue d'Ama, j'ai senti un frisson en moi comme si toutes mes valeurs morales commençaient de s'écrouler. Je n'arrivais pas à détacher mon regard de cette langue. Et même si cette fascination ne se traduisait pas directement en un désir de l'imiter, j'ai malgré tout entamé mon voyage vers la langue fendue dans l'espoir de découvrir la raison d'une telle excitation.

« Alors, tu veux le rencontrer? » proposai-je.

Deux heures plus tard nous l'attendions debout dans la rue, quand je l'ai vu et appelé. Maki a écarquillé les yeux en découvrant à qui j'adressais de grands signes.

« Tu me fais une blague, marmonna-t-elle.

— C'est lui, dis-je. Le singe rouge.

— Dis-moi que c'est pas vrai. Il flanque la trouille. »

Quand Ama s'est approché, il a remarqué la gêne de Maki. Il lui a donc adressé un regard timide en disant :

« Pardon d'avoir l'air si effrayant. »

A mon grand soulagement, ça a suffi pour briser la glace et Maki a éclaté de rire. Après quoi elle s'est détendue et on s'est tous les trois baladés dans le centre-ville pour atterrir à un endroit qui n'avait pas d'autre qualité que celle d'être bon marché.

« Tu as remarqué comment tout le monde s'écarte quand on marche avec Ama-san ? dit Maki.

— Je sais. Quand je me promène avec Ama, les harponneurs des bars d'hôtesses restent au large et personne essaie de me fourguer des flyers.

— Donc c'est plutôt pratique de se balader avec moi, pas vrai ? »

Ama et Maki se sont aussitôt plu. Lorsqu'il lui a montré sa langue fourchue, Maki a fait un virage à cent quatre-vingts et déclaré qu'elle trouvait ça super cool.

« Alors Lui va avoir la même langue que toi, hein ?

— Exact. Tous les deux on va avoir la même langue. Hé, Lui, pourquoi tu te fais pas percer les sourcils et les lèvres aussi ? Comme ça on serait assortis en tout.

— Pas question. Tout ce que je veux, c'est une langue fourchue et un tatouage.

— Allez, la transforme pas en une punk à cent pour cent, dit Maki mi-sérieuse mi-blagueuse. Lui et moi, on a fait le serment de rester éternellement des poupées Barbie.

— Faux. Et puis j'ai jamais été une poupée Barbie.

— Ouais c'est ça, dirent presque en même temps Ama et Maki, tu es la Barbie absolue.

— Son portrait craché ! s'écrièrent-ils bizarrement. Son portrait craché ! »

Nous sommes sortis tous les trois dans l'air nocturne, pliés en deux de rire, en nous contrefichant du boucan qu'on faisait à crier et à piailler tandis que nous marchions vers la gare dans des rues heureusement désertées par la racaille habituelle. Enfin, presque.

Nous avons avisé deux voyous qui se sont mis à mater Ama pendant que nous approchions d'eux. Ça ne m'a pas étonnée. Les types de ce genre cherchaient sans arrêt la bagarre avec lui, pour un oui ou pour un non. « Qu'est-ce tu regardes ? » crachaient-ils. Ou bien ils marchaient droit sur Ama, ils se retournaient et aboyaient : « Fais un peu gaffe où tu mets les pieds, crétin ! » Mais chaque fois Ama se contentait de rire comme un demeuré avant de présenter des excuses superflues. La seule dureté d'Ama était dans son apparence – du moins le croyais-je.

L'un des deux types – appelons-le Versace à cause de ses fringues de maquereau – a marché droit sur moi en disant :

« Hé, fillette ! C'est ça ton petit ami ? »

Ama et Maki étaient parfaitement inutiles, car Maki évitait de regarder ce qui se passait et Ama se contentait de rouler des yeux furieux. J'ai donc essayé de contourner ce type. Mais il ne voulait pas me laisser passer. Il a même fait un pas de côté pour m'en empêcher, me regardant droit dans les yeux une fois encore et disant :

« C'est pas lui, hein ? »

J'avais juste assez de bière et juste assez de venin en moi pour lui tenir tête, si bien que je lui ai rendu son regard en lâchant :

« Quoi ? T'es donc même pas capable de nous imaginer en train de baiser ? »

Je pensais le choquer, ou du moins le faire réagir, mais son expression n'a pas varié d'un iota. Sa seule réaction a été de hausser les épaules. Puis l'imbécile a eu le culot de m'enlacer les épaules.

« Non, t'as raison, fit-il. Je peux même pas l'imaginer. »

Puis sa main est descendue le long de mon épaule et ses doigts se sont promenés sur mon sein. Alors que j'essayais de me rappeler la couleur de mon soutien-gorge, j'ai entendu un coup sourd, et soudain le type a disparu. Sans avoir la moindre idée de ce qui venait de se passer, je me suis retournée et je l'ai découvert allongé par terre, Ama se tenait debout près de lui, la haine brûlait dans son regard. J'ai alors compris qu'Ama venait de le frapper.

« Putain, mais tu fais quoi, là ? » s'écria l'autre type en fonçant droit sur Ama.

Ama n'a pas répondu. Il n'en avait pas besoin. Il s'est contenté d'enfoncer son poing dans le visage qui se ruait vers lui, avant de pivoter pour s'installer à califourchon sur Versace, toujours allongé et inconscient. Aussitôt, sans un mot, sans la moindre pause, Ama l'a frappé à la tempe, puis encore et encore et encore. Et quand le sang a commencé de couler, Ama ne s'est pas arrêté pour autant. Le type avait perdu conscience depuis belle lurette, mais Ama s'acharnait sur lui, sans pitié. Maki, qui s'était caché les yeux jusque-là, a jeté un coup d'œil, avisé le sang qui giclait un peu partout, et elle s'est mise à crier. C'est à ce moment précis que j'ai remarqué qu'Ama portait toujours ses grosses bagues – d'énormes morceaux d'argent où la nuit faisait virer le rouge au noir, et qui martelaient le rythme écœurant du métal contre l'os.

« Ama, allez. Ça suffit », fis-je.

Mais il ne semblait même pas m'entendre et son poing se ruait encore et encore contre le visage poisseux et inerte de Versace.

L'autre type s'est relevé et a fait de son mieux pour prendre la poudre d'escampette. Je savais qu'il allait appeler la police.

« J'ai dit : ça suffit ! » J'ai saisi Ama par l'épaule et perçu la secousse de son bras quand son poing a de nouveau percuté le visage du type. J'ai jeté un coup d'œil de côté, mais tout ce que j'ai pu voir c'était Maki en train de vomir. « Ama ! » fis-je d'une voix aussi ferme que possible, puis j'ai répété : « Ama ! » Alors j'ai senti ses muscles se détendre et j'ai poussé un grand soupir de soulagement, comme si tout était enfin terminé. Mais ce n'était pas le cas. Pas tout à fait. Car Ama a ensuite glissé les doigts dans la bouche du type ! Ses doigts ont fourragé à l'intérieur comme s'il y cherchait quelque chose. « Merde alors, qu'est-ce que tu fais ? » m'écriai-je en lui assenant une claque sur le sommet du crâne et en tirant de toutes mes forces sur son débardeur. Alors j'ai entendu le hurlement des sirènes.

J'ai jeté un coup d'œil à Maki et je lui ai crié de se barrer en vitesse. Blanche comme un fantôme, elle a malgré tout réussi à me répondre :

« Eh bien, ça serait chouette de se retrouver ensemble tous les trois un de ces jours. »

Elle nous a adressé un rapide signe de la main avant de disparaître. Une dure, Maki. Même ivre, elle court comme une championne. Je me suis retournée vers Ama qui se remettait debout en chancelant et me regardait avec des yeux vides.

« Faut que tu te ressaisisses ! Tu piges ? Les flics arrivent. Faut qu'on se casse ! » Je lui ai assené une tape sur l'épaule et il m'a adressé un sourire désarmant.

Il m'a pris la main et nous sommes partis en courant ; il me tirait en avant tandis que, derrière lui, je cherchais mon souffle.

Au bout d'un moment, quand j'ai cru que je ne pourrais pas faire un pas de plus, nous avons trouvé une étroite ruelle où nous nous sommes engouffrés avant de nous écrouler par terre.

« C'est quoi, putain ? » La tension de ma voix m'a moi-même surprise.

Ama s'est accroupi à côté de moi, il a tendu son poing ensanglanté et l'a ouvert sous mes yeux pour me montrer deux objets rouges, longs d'un centimètre, posés au creux de sa paume. J'ai aussitôt reconnu leur forme et compris qu'il s'agissait des dents du type. J'ai eu l'impression qu'on venait de lâcher un glaçon le long de mon dos.

« Je les ai rapportées pour toi, dit Ama avec un sourire aussi fier et néanmoins innocent que celui d'un enfant.

— Je ne veux pas de ces trucs ! » m'écriai-je.

Mais il m'a saisi le bras et a fait tomber les deux molaires dans ma paume, sans me quitter des yeux un seul instant et en me disant :

« Prends-les. Elles sont le symbole de mon amour pour toi. »

Je n'arrivais pas à croire à ce que j'entendais. Je ne savais pas quoi dire. Je me suis contentée d'ouvrir la bouche et de laisser les mots sortir :

« C'est pas une preuve d'amour. En tout cas pas au Japon. »

Puis il s'est pelotonné contre moi et je lui ai caressé les cheveux jusqu'à ce que nous nous soyons tous les deux calmés.

Ensuite on a rejoint le parc en se baladant et on a trouvé un robinet où Ama a pu se laver les mains et nettoyer son débardeur. Puis on a pris le dernier train pour rentrer chez Ama. Dès qu'on a franchi la porte de son appartement, je l'ai poussé dans la salle de bains. Ensuite, une fois seule, j'ai sorti les deux dents de ma trousse de maquillage pour les faire rouler sur ma paume. Dans l'évier de la cuisine j'ai lavé le sang qui les recouvrait et je les ai remises dans mon sac.

Je me suis demandé comment j'en étais arrivée là. A cette situation avec un cinglé convaincu que nous sommes ensemble. Et si j'essayais de le quitter ? Tenterait-il de me tuer, moi aussi ?

Quand Ama est sorti de la salle de bains, il s'est assis près de moi et il m'a regardée comme s'il essayait de lire dans mes pensées. Mais comme j'étais lessivée, je suis simplement restée assise sans rien dire. Alors, au bout d'un certain temps, je l'ai entendu prononcer le mot « pardon » d'une voix qui n'était qu'un murmure.

« C'est juste que j'arrive pas à me contrôler, dit-il. Pourtant je crois que j'ai bon caractère, mais quand je franchis une limite alors il faut que j'aille jusqu'au bout. Jusqu'à ce qu'il soit mort, tu comprends. »

Je me suis demandé s'il avait déjà tué, avant ce soir.

« Ama, tu es adulte. Je veux dire, vis-à-vis de la loi. Si tu tues quelqu'un, tu iras en prison.

— Non, en fait je suis mineur », rétorqua-t-il en me regardant droit dans les yeux.

Je me suis sentie perdre patience et je crois que ça s'est vu sur mon visage.

« Si, c'est vrai ! s'écria-t-il.

— Tu m'as dit que tu avais vingt-quatre ans !

— Oui, mais seulement parce que je croyais que c'était ton âge. Je voulais pas que tu me prennes pour un gamin. Tu m'en veux pas, j'espère ?

— Si je t'en veux ? Mais moi non plus j'ai pas vingt-quatre ans, espèce d'idiot. Je suis toujours mineure.

— Tu rigoles ? fit Ama en écarquillant les yeux. Tu es sérieuse ? Alors c'est parfait. »

Il a souri d'une oreille à l'autre avant de me serrer dans ses bras.

« Non, c'est pas parfait, protestai-je. Ça veut seulement dire que tous les deux on a l'air vieux pour notre âge », fis-je en le repoussant et en comprenant soudain que nous nous connaissions à peine.

Chacun ignorait l'éducation et le passé de l'autre. Chacun ignorait l'âge de l'autre. Chacun ignorait tout de l'autre. Ce n'était même pas que nous évitions d'aborder ces sujets. Tout simplement, ils ne venaient jamais sur le tapis. Même à cet instant précis, où nous découvrions que nous avions tous deux moins de vingt ans, ni Ama ni moi n'avons pris la peine de savoir quel âge au juste l'autre avait.

« Alors Ama, c'est quoi ton vrai nom ? Amano ? Suama ?

— Suama ? Tu parles d'un prénom ! Je m'appelle Amadeus. Ama est mon prénom, Deus est mon nom. C'est pas cool comme nom, Deus ? Ça sonne comme Zeus, tu ne trouves pas ?

— Si tu ne veux pas me dire ton vrai nom, ça me va très bien.

— Mais *c'est* mon vrai nom. Et le tien ?

— Je parie que tu crois que Lui c'est pour Louis XIV, pas vrai ? Eh bien tu te trompes. Lui, ça veut dire Louis Vuitton.

— Alors comme ça tu es une femme de la grande bourgeoisie », dit-il d'un ton moqueur en me tendant la première de plusieurs bières, que nous avons descendues en bavardant jusqu'au début de matinée.

Le lendemain, juste après midi, j'étais à *Desire* avec Shiba-san, pour regarder des dessins de tatouages. Leur profusion me stupéfiait, depuis les motifs d'estampes japonaises destinés aux couches inférieures de la société, jusqu'aux crânes et aux dessins occidentaux, par exemple Mickey Mouse. J'étais vraiment impressionnée par l'étendue de ses talents de dessinateur.

« Tu veux un dragon ? » demanda Shiba-san en se penchant au-dessus de mon épaule tandis que je feuilletais des dizaines de pages consacrées à des dessins de dragons.

« Oui, je crois qu'un dragon ça me plairait. Celui-ci, c'est le dragon d'Ama, pas vrai ?

— Exact. La forme est un peu différente, mais fondamentalement c'est le même motif. »

Penché au-dessus du comptoir, Shiba-san baissait les yeux vers moi pendant que je continuais de feuilleter les classeurs.

« Ama ne sait pas que tu es ici, n'est-ce pas ? »

J'ai levé les yeux. Shiba-san arborait un sourire à la fois malicieux et grave ; il posait sur moi un regard plein de lubricité.

« Non, il ne le sait pas.

— Ne lui dis pas que je t'ai donné mon numéro de portable », fit Shiba-san avec une expression légèrement plus sérieuse.

J'ai deviné qu'il connaissait les sautes d'humeur d'Ama.

« Qu'est-ce qu'Ama... ? commençai-je avant de m'arrêter aussitôt.

— Tu veux en apprendre davantage sur lui ? » Shiba-san a soutenu mon regard pendant une seconde, avant de hausser les épaules.

« Non, je crois pas que j'en aie envie, dis-je.

— Très bien. »

Shiba-san est sorti de derrière le comptoir, avant de quitter la boutique. Puis, dix secondes plus tard, la porte s'est rouverte et il est revenu.

« Qu'est-ce que tu fais ?

— J'ai fermé le magasin. J'ai une cliente importante.

— Oh, okay », dis-je avec indifférence avant de retourner au classeur.

Un peu plus tard, nous sommes allés dans la pièce de derrière pour discuter du genre de dessin que je désirais, tandis que Shiba-san dessinait des motifs splendides à une vitesse incroyable. Sans doute parce que je ne possédais aucun talent artistique, j'étais très envieuse de son habileté.

« Honnêtement, j'hésite encore. Je veux dire, un tatouage c'est pour la vie ; alors si je m'en fais faire un, je veux avoir le plus beau dessin possible, tu vois. »

Le menton posé dans la paume, j'ai suivi de l'index le dessin de dragon que Shiba-san venait de tracer pour moi.

« Oui. Enfin, depuis un moment on peut les enlever au laser, mais je suis sûr que tu n'y penses pas une seconde. Moyennant quoi tu as raison : on ne retourne pas en arrière. Même si dans mon cas, il me suffirait de me laisser pousser les cheveux, dit-il en se passant la paume sur le crâne.

— C'est pas le seul endroit où t'es tatoué, pas vrai ?

— Non. Tu veux voir le reste ? » me proposa-t-il en souriant.

Je n'ai pas répondu, me contentant d'un léger hochement de tête ; il a ôté son tee-shirt à manches longues, révélant un corps semblable à un tableau, dont chaque centimètre carré était couvert de couleurs et de lignes, puis il s'est retourné pour me montrer son dos décoré d'un dragon, d'un sanglier, d'un chevreuil, de papillons, d'une pivoine, de fleurs de cerisier et d'un pin.

« Un *Inoshikacho* [1] ! m'écriai-je.

— Oui, j'aime les cartes de l'*hanafuda*.

— Mais il te manque le trèfle et les feuilles d'érable rouge.

— Je sais, il a fallu que je m'en passe. Malheureusement j'avais plus le moindre espace disponible. »

La nonchalance de ses explications m'a surprise. Alors il s'est retourné vers moi et j'ai avisé un autre animal sur son triceps, un animal doté d'une corne unique. Shiba-san a aussitôt compris ce que je regardais.

« Le Kirin. C'est mon préféré, dit-il, c'est un animal sacré. Il ne piétine pas le fourrage ni ne mange des aliments crus. En gros c'est le Dieu du monde animal.

---

1. Une combinaison de cartes très prisée dans le jeu d'*hanafuda* (comme un flush ou un full au poker), incluant un sanglier, un chevreuil et un papillon *(N.d.T.)*.

— Je me rappelle pas que le Kirin avait une corne sur la tête.

— Eh bien, le Kirin est une légende qui vient de Chine, on dit qu'il a une seule corne recouverte de chair.

— C'est ça ce que je veux », dis-je.

Étrangement Shiba-san est resté un moment sans voix, avant de me dire :

« Le type qui a réalisé ce tatouage était l'un des plus grands maîtres du Japon. » Il a marqué une pause. « Moi-même, je n'ai jamais fait de Kirin.

— Alors est-ce que je pourrais lui demander, à ce grand maître ?

— Bien sûr que tu pourrais lui demander, répondit-il, si ce maître n'était pas mort », ajouta-t-il sans la moindre trace d'humour, en me regardant droit dans les yeux. « Il s'est immolé par le feu, en serrant dans ses bras l'image d'un Kirin. C'est *tellement* Akutagawa Ryonosuke. Certains prétendent qu'il n'aurait jamais dû tatouer un animal sacré comme celui-ci, qu'ainsi il a peut-être éveillé la colère du Kirin. Qui sait, peut-être que si toi aussi tu te fais tatouer un Kirin, tu seras damnée comme lui. »

Shiba-san caressait son tatouage de Kirin en prononçant ces paroles. Ni lui ni moi n'avons parlé pendant un moment, mais je ne quittais pas le Kirin des yeux.

« Bref, reprit-il, le Kirin est une combinaison de chevreuil, de taureau, de loup et de plein d'autres animaux. C'est vraiment très chiant à dessiner.

— Mais c'est ce que je désire. S'il te plaît, Shiba-san. Je veux dire, tu pourrais au moins me dessiner un gabarit », le suppliai-je.

L'air vaguement furieux, Shiba-san a fait claquer sa langue avant de marmonner :

« Bon, d'accord, je vais le faire.

— Oui ! Merci, Shiba-san.

— Je vais commencer par dessiner un gabarit. Tu veux quoi dans le décor ? »

J'ai réfléchi un moment, puis de nouveau feuilleté les classeurs.

« Celui-ci, fis-je en tapotant de l'ongle un dessin. Et je désire le mêler au dragon d'Ama. »

Shiba-san a regardé le dragon pendant quelques instants, puis davantage pour lui que pour moi il a dit :

« Je vois... C'est la première fois que je fais un Kirin, alors ce sera sans doute plus facile pour moi de le mélanger à autre chose.

— Je veux qu'il ait à peu près la même taille que celui d'Ama et je veux qu'il soit seulement sur mon dos. Ça va me coûter combien ? »

Il a fait semblant de réfléchir à la question en prenant une pose théâtrale, puis il a dit :

« Hum... et si je te disais... une baise », en me regardant du coin de l'œil.

« C'est tout ? »

Je lui ai lancé un regard en biais et j'ai vu ses yeux furieux, le sadique qui remontait à la surface.

« Déshabille-toi », commanda-t-il.

Lorsque je me suis levée, ma robe sans manches collait à mon corps couvert de sueur. J'ai baissé la fermeture éclair et senti l'air froid sur mon dos. Puis j'ai laissé tomber ma robe par terre. Il m'a examinée des pieds à la tête avec une absence d'intérêt apparemment totale, avant de me dire :

« T'es vraiment mince. Tu sais que, si

jamais tu grossis après un tatouage, la peau se tend et le résultat est vraiment moche. »

J'ai retiré mon soutien-gorge et ma culotte, tous deux trempés de sueur. Puis j'ai quitté mes mules et je me suis assise sur le lit.

« Ce sera pas un problème, dis-je. Mon poids n'a pas changé depuis des années. »

Shiba-san a écrasé sa cigarette dans le cendrier et défait sa ceinture en s'avançant vers le lit. Il s'est arrêté tout près du lit et d'une main m'a durement poussée en arrière, avant de plaquer sa paume contre mon cou. Ses doigts ont suivi le tracé de mes veines, il a resserré son étreinte jusqu'à ce que ses minces phalanges s'enfoncent dans ma chair. Tout le temps, il est resté debout, les yeux baissés vers moi. J'ai senti chacun de ses ongles me brûler la gorge. J'ai vu les veines saillir sur son bras droit. Mon corps étouffait à en hurler, des spasmes brefs et violents montaient de mes poumons. J'avais l'impression que ma gorge allait céder. Mes traits se sont crispés.

« J'aime bien ça, dit-il. Te voir souffrir me fait tellement bander. »

Il a lâché ma gorge pour retirer son pantalon et son short. Je me sentais toujours nauséeuse et en proie au vertige quand il est monté sur le lit, a posé les genoux sur mes épaules et braqué sa queue vers ma bouche – encadrant mon visage entre les deux dragons dansants qui décoraient ses cuisses. J'ai pris sa queue aigre dans la bouche et remarqué l'odeur de son corps. J'ai toujours aimé baiser en été plus qu'en aucune autre saison. Je crois que c'est à cause de cette odeur aigre-douce de transpiration et d'ammoniac. Shiba-san me regardait sans expression, puis il m'a empoigné les cheveux et s'est lancé dans un rythme brutal – en me baisant le visage. Je me suis sentie mouiller, même s'il n'avait toujours pas posé la main sur mon corps. Comme c'est pratique, pensai-je alors.

« Alors, tu baises comment avec Ama ? demanda-t-il en avançant les hanches.

— On baise normalement, je crois.

— Vraiment ? »

Il a hoché la tête. Puis il a regardé son pantalon, dont il a ôté la ceinture pour m'attacher les mains derrière le dos.

« Et ça te frustre pas ? demanda-t-il.

— Pas vraiment. Je jouis bien comme ça.

— Es-tu en train de dire que tu m'en crois incapable ?

— T'en es capable ?

— Non.

— C'est parce que t'es un cinglé sadique.

— Je prends mon pied avec les types aussi, tu sais. J'ai un sacré choix », ajouta-t-il en riant.

Ses paroles m'ont fait penser à Ama et lui en train de baiser, mais je me suis dit que ça pouvait être très beau. Shiba-san m'a prise dans ses bras maigrichons pour me déposer par terre. Puis il s'est assis sur le lit et m'a tendu son pied droit devant le visage. J'ai sucé ses orteils l'un après l'autre en commençant par le gros, puis je lui ai léché le pied jusqu'à avoir la bouche complètement sèche. Je commençais à avoir mal au cou, car j'étais restée accroupie sans pouvoir m'appuyer sur les mains. Shiba-san m'a encore saisi les cheveux pour me relever le visage. Je me suis dit que je le regardais avec des yeux vitreux. Les veines saillaient sur sa queue.

« Tu mouilles ? »

J'ai acquiescé d'un signe de tête et Shiba-san m'a relevée pour m'asseoir sur le lit. Presque instinctivement j'ai écarté les jambes et senti une légère tension monter dans tout mon corps. J'ai déjà baisé avec des sadiques et on ne sait jamais à quoi s'attendre de leur part. J'ai eu droit aux lavements, ça m'a bien plu, et j'ai joué avec quelques joujoux. Je ne fais pas non plus la fine bouche devant une bonne fessée ou une pénétration anale. Ce que je ne veux pas voir, en revanche, c'est le sang. Un jour, je me rappelle, j'ai laissé un type glisser une petite bouteille en verre dans mon vagin, après quoi il a essayé de la briser à coups de marteau. Et j'ai même rencontré certains barjots qui prenaient leur pied en m'enfonçant des aiguilles dans le corps.

J'ai senti mes poignets et mes paumes moites, j'avais la chair de poule sur les épaules et le haut des bras, mais un vrai soulagement m'a submergée quand j'ai peu à peu compris que Shiba-san n'avait pas l'intention d'incorporer d'autres accessoires à notre baise. Il a glissé deux doigts en moi et les a fait aller et venir cinq ou six fois comme un piston avant de les retirer et de les essuyer sur ma cuisse, comme s'il venait de toucher quelque chose de sale. J'ai jeté un coup d'œil discret à son visage et aussitôt je me suis sentie mouiller davantage.

« Mets-la-moi », suppliai-je.

Ses deux doigts toujours mouillés, qu'il venait d'essuyer sur ma cuisse, il me les a fourrés dans la bouche, avant de les remuer à l'intérieur.

« C'est bien dégueu ? »

J'ai fait un signe de tête affirmatif, il a sorti ses deux doigts, qu'il m'a encore fourrés dans la chatte, avant de me les remettre dans la bouche. Ça a aussitôt réveillé l'image mentale d'Ama en train de fouiller dans la bouche de ce type à Shinjuku.

« Insupportable ? »

J'ai de nouveau acquiescé et il a retiré ses doigts avant de me pousser le visage dans les draps, me faisant trembler de la tête aux pieds car j'essayais de me tenir en équilibre sur le front, les épaules et les genoux.

« S'il te plaît, mets-la-moi, suppliai-je.

— La ferme ! » aboya-t-il avant de m'empoigner par les cheveux pour m'enfoncer la tête dans l'oreiller. Son bras m'a soudain enveloppé la taille pour hisser durement mon cul en l'air. Alors il m'a craché sur le vagin, il a de nouveau glissé ses doigts en moi en les remuant violemment, puis d'un coup il a enfoncé sa queue tout au fond. Et aussitôt il s'est mis à me marteler sans pitié, mes petits cris étouffés résonnant dans l'air poisseux et confiné, et en un rien de temps j'ai versé de vraies larmes – chose que je fais facilement quand je trouve ça vraiment bon. Mon excitation montait peu à peu, je la sentais s'accumuler en moi. Tout en continuant à me marteler les fesses à grands coups de reins, il a détaché la ceinture qui me serrait les poignets. Quand j'ai eu les mains libres, il a vivement retiré sa queue et j'ai senti une larme couler sur ma joue. Puis il m'a de nouveau saisie sans ménagement pour m'installer sur lui, il a pris chacune de mes fesses dans ses mains en les serrant fort et il a dirigé tout mon corps d'avant en arrière. J'avais maintenant le vagin entièrement engourdi.

« Je veux voir encore des larmes », ordonna-t-il durement.

Et aussitôt d'autres larmes ont jailli de mes yeux.

« Je jouis », murmurai-je, en agitant violemment les hanches d'avant en arrière avec une urgence nouvelle.

Après l'orgasme, je ne pouvais presque plus bouger. Mais Shiba-san m'a fait basculer, il m'a montée pour m'administrer un rythme dur, implacable – me tirant les cheveux, m'étouffant et souriant tout du long à cause du plaisir cruel qu'il en tirait. Alors il a dit : « Allez, on y va » exactement comme le jour où il m'avait transpercé la langue, en plongeant sa queue le plus profond possible, avant de la ressortir et d'escalader mon corps pour gicler dans ma bouche. J'ai ressenti une étrange combinaison de soulagement et d'excitation, comme si je venais d'être libérée de l'Enfer, mais aussi exilée du Paradis.

Shiba-san a quitté le lit pour s'essuyer la queue avec une serviette en papier et remettre son short. Il m'a lancé la boîte de serviettes en papier, je l'ai attrapée au vol et j'ai essuyé le sperme en me regardant dans le miroir, découvrant alors mon visage couvert de traînées de mascara et de larmes. Quand j'ai terminé, on est restés au lit, adossés contre le mur, à regarder le plafond en fumant des cigarettes. Ni lui ni moi n'avons parlé pendant un moment. Ou alors c'était seulement pour échanger des banalités comme « tu peux me passer le cendrier » ou « fait chaud, non ? ».

Au bout d'un moment, Shiba-san s'est redressé avant de se tourner vers moi avec une expression dédaigneuse :

« Si jamais tu quittes Ama, tu deviens ma copine, d'accord ? »

J'ai failli éclater de rire.

« Sans doute que tu me tuerais ! m'écriai-je.

— Et Ama le ferait pas ? » rétorqua Shiba-san d'une voix glacée, avec la même expression de mépris.

J'en suis restée muette.

« Mais si on se mettait ensemble, reprit-il en ramenant la conversation vers un terrain à peu près normal, ce serait pour se marier. »

Il m'a lancé mon soutif et ma culotte, j'ai enfilé cette dernière. J'essayais d'imaginer ce que pourrait bien être la vie conjugale avec Shiba-san et si j'avais la moindre chance d'y survivre. Puis j'ai remis ma robe et j'ai quitté le lit. Shiba-san a pris une petite canette de café dans le mini-frigo, il l'a ouverte et me l'a tendue.

« Dans le fond, t'es un type sympa, pas vrai ?

— Je l'ai seulement ouverte parce que tes putains d'ongles sont trop longs. »

Je lui ai tapoté la joue en disant « Merci ». Un mot de gratitude qui semblait complètement déplacé, vu notre rapport. J'ai imaginé mon « Merci » flottant à jamais dans l'espace sans jamais arriver à bon port. Alors Shiba-san est retourné dans le magasin pour ouvrir et accueillir d'éventuels clients.

« Au fait, ça t'arrive d'avoir des clients ? demandai-je.

— Oui. Simplement, la plupart des gens viennent pour du piercing ou un tatouage, alors ils réservent à l'avance. C'est pas le genre de boutique où les gens s'arrêtent pour traîner un peu.

— Je vois. »

Je me suis assise près du comptoir et j'ai tiré la langue. Du doigt j'ai touché le clou. Il ne me faisait plus mal.

« Hé, tu crois que maintenant je peux mettre un 12 ?

— Pas encore. Faut que tu le gardes en place pendant un mois. C'est pour ça que je t'ai dit de commencer avec un clou de 12 », répondit froidement Shiba-san perché derrière le comptoir, les yeux baissés vers le plancher du magasin.

« Tu m'appelleras quand tu auras fini le dessin ?

— Bien sûr. Viens avec Ama. Dis-lui que tu veux regarder des boucles d'oreilles. Alors je te montrerai le dessin et tu pourras jouer la surprise, comme si tu le découvrais ou que tu y pensais pour la première fois.

— Appelle-moi pendant la journée – quand Ama est au boulot.

— Ouais, ouais, je sais », fit-il en mettant un peu d'ordre sur un râtelier.

J'avais déjà la main posée sur mon sac pour partir quand Shiba-san s'est soudain retourné vers moi.

Je me suis aussitôt figée.

« Quoi ? dis-je.

— Je crois que je suis peut-être un enfant de Dieu, déclara-t-il sans changer d'expression.

— Un enfant de Dieu ? C'est pas le titre d'une série B pourrie, ça ?

— Non. Réfléchis-y. Dieu est forcément un sadique pour donner la vie aux gens.

— Alors comme ça, d'après toi, Marie était masochiste ?

— Ouais. Je crois bien », murmura Shiba-san avant de pivoter vers le râtelier.

J'ai pris mon sac et me suis éloignée du comptoir.

« T'as envie de manger un morceau avant de partir ?

— Non, Ama va pas tarder à rentrer.

— D'accord. A bientôt alors. »

Il m'a tapoté la tête sans ménagement.

J'ai pris son bras droit entre les mains et caressé le Kirin.

« Je vais te faire un dessin vraiment cool », promit-il.

J'ai souri, fait un petit signe de la main et marché vers la porte. Dehors le soleil se couchait et l'air était si frais que j'en ai eu le souffle coupé. J'ai mis un certain temps à retrouver ma contenance, puis j'ai marché vers l'appart d'Ama. Beaucoup trop de familles se baladaient dans les rues commerçantes. En fait, le brouhaha de toutes ces voix m'a donné envie de vomir. Un petit enfant s'est jeté dans mes jambes et sa mère a fait semblant de ne rien voir. J'ai gardé les yeux fixés sur ce gosse jusqu'à ce qu'il lève la tête et me dévisage. Quand nos regards se sont croisés, je jure qu'il était sur le point de chialer, alors je lui ai juste adressé un léger reproche avant de reprendre ma route. Franchement, je n'avais aucune envie de vivre dans ce genre d'univers. Je désirais mener une vie imprudente, laisser derrière moi un beau cadavre dans ce monde terne et sombre.

*Desire* sentait toujours l'encens et cette odeur imprègne mes vêtements chaque fois que je mets les pieds dans ce magasin. Dès que je suis arrivée chez Ama, j'ai donc fourré tous mes vêtements dans la machine à laver avant de la mettre en marche. Puis j'ai pris une douche et je me suis lavée avec grand soin, de la tête aux pieds. Au sortir de la douche, je me suis séchée, puis j'ai enfilé un jean et l'un des tee-shirts d'Ama. Après m'être maquillée et recoiffée, j'ai mis ma robe à sécher, puis je me suis assise pour souffler un peu, mais le bouton de la porte a aussitôt tourné et Ama est arrivé.

« Salut.

— Salut. »

J'ai été soulagée de le voir sourire d'une oreille à l'autre.

« Toute la journée j'ai eu envie de dormir », dit Ama en s'étirant.

Sa fatigue n'avait rien d'étonnant, compte tenu de tout ce que nous avions bu jusqu'en début de matinée. Moi aussi j'étais sur les rotules, car après le départ d'Ama je n'avais pas réussi à m'endormir – et c'est là que j'avais décidé d'appeler Shiba-san.

J'étais contente de l'avoir fait, car autrement je n'aurais jamais vu le Kirin. Et maintenant je mourais d'impatience qu'il orne ma peau.

Peu importait qu'Ama s'appelle Amadeus en réalité. Peu importait que Shiba-san soit vraiment fils de Dieu. Peu importait que je sois la seule personne normale de notre petit groupe. Je désirais seulement faire partie d'un monde souterrain où le soleil ne brillerait jamais, où l'on n'entendrait jamais de sérénade et jamais au grand jamais le moindre rire d'enfant.

Ama et moi avons dîné dans un petit restau avant de retourner dans la chambre et de baiser. Presque juste après, Ama a sombré dans un profond sommeil comme s'il était K.-O. Moi, par contre, j'ai ouvert une bière, que j'ai descendue en regardant le visage endormi d'Ama, en me demandant s'il me tuerait au cas où il apprendrait que Shiba-san et moi avions baisé. J'ai alors pensé que, si je devais vraiment choisir entre les deux, je préférerais être tuée par un fils de Dieu que par Amadeus, même si pas une seconde je n'ai cru que ce fils de Dieu pourrait réellement tuer quiconque.

Puis mon attention s'est tournée vers le bras d'Ama qui pendait hors du lit, vers les bagues argentées à ses doigts qui reflétaient la lumière. Je me suis ensuite intéressée à la télé, zappant entre des émissions de variétés décérébrées et des documentaires comateux. Alors, en même temps que mon attention, j'ai coupé la télé. Les seules revues qu'Ama avait chez lui étaient des revues de mode masculine et je ne savais pas me servir de son ordinateur, ni d'ailleurs d'aucun ordinateur. J'ai regardé un peu partout dans la chambre en faisant claquer ma langue, à la recherche d'un passe-temps quelconque, et mes yeux sont tombés sur un journal. C'était un tabloïd sportif à scandales, qui à vrai dire constituait ma principale source d'informations. J'ai consulté les programmes télé de fin de soirée en dernière page, puis j'ai feuilleté ce canard une page après l'autre en commençant par la fin. Tout ce que j'en ai conclu, c'est que des gens se faisaient assassiner tous les jours au Japon et que le commerce du sexe n'échappait pas à la récession. Alors que je continuais de feuilleter ce journal, un gros titre m'a soudain sauté aux yeux :

**UN GANGSTER DE 29 ANS**
**BATTU À MORT À SHINJUKU**

Le visage du type de la nuit précédente m'est brusquement revenu en mémoire. Mais il avait sûrement plus de vingt-neuf ans. Son visage montrait qu'il était plus âgé que ça. Il s'agissait sans doute d'un incident similaire quelque part ailleurs. Après tout, Shinjuku est un quartier immense. J'ai pris une profonde respiration, puis lu l'article.

> La victime a décédé peu de temps après son arrivée à l'hôpital. La police n'a toujours pas découvert l'identité de l'assassin. Selon un témoin, il s'agirait d'un homme aux cheveux rouges, plutôt mince, mesurant environ 1 mètre 75 ou 1 mètre 80.

J'ai regardé Ama, je l'ai comparé à la description proposée par l'article et j'ai posé le journal. Si le suspect de l'article était vraiment Ama, alors ce témoin n'aurait-il pas aussi mentionné le tatouage et le visage couvert de piercings ? Bien sûr que si, me dis-je. Sans doute qu'il s'agit simplement d'un type qui ressemble un peu à Ama, et voilà tout. Le type qu'Ama avait dérouillé était toujours vivant, j'en étais certaine. En tout cas, j'ai pris mon sac à main, je suis sortie de la chambre et j'ai marché d'un bon pas jusqu'au supermarché, où j'ai acheté du décolorant et de la teinture pour cheveux couleur cendre.

A mon retour, j'ai secoué Ama, qui était encore profondément endormi, pour le sortir du lit.

« Hein ? Qu'est-ce qu'y a ? Tu fais quoi ? » marmonna-t-il.

Je lui ai assené plusieurs claques sur la tête pour l'obliger à s'asseoir devant le miroir.

« Quoi ? Tu veux faire quoi ?

— Comment ça tu veux faire quoi ? On va changer la couleur de tes cheveux. Il faut vraiment que tu te débarrasses de ce rouge répugnant. »

Ama s'est entièrement déshabillé, ne gardant que son short comme je le lui ai demandé.

« Les cheveux rouges ne vont pas avec une peau mate, personne t'a jamais dit ça ? T'as vraiment un goût de chiotte. »

Et tandis que je grimaçais dans les émanations du décolorant que je préparais, Ama a dit en souriant :

« Tu es si gentille. Je vais faire de mon mieux pour améliorer mon style. Avec ton aide, bien sûr. »

J'ai constaté avec soulagement qu'Ama interprétait positivement mon action. Et j'ai pensé qu'il avait bien de la chance d'en ignorer la vraie raison.

« Oui, c'est ça », fis-je et j'ai commencé de brosser le décolorant dans ses cheveux que j'avais divisés en grosses mèches avec un peigne trouvé sur le lavabo. Bien sûr, changer la couleur de ses cheveux n'allait rien bouleverser, mais pour le moment je pensais que nous devions au moins modifier ce que nous pouvions.

Une fois les cheveux d'Ama rincés et séchés, ils étaient passés du rouge au blond. Je me suis rappelé qu'un jour un coiffeur m'avait dit que, pour passer d'une couleur à une autre couleur complètement différente, par exemple du rouge au blanc cendré, il fallait éliminer parfaitement la première teinture. J'ai donc préparé le reste de décolorant et j'ai répété tout le processus, donnant ainsi aux cheveux d'Ama une teinte blond blanchâtre. Je les ai de nouveau séchés jusqu'à ce qu'ils soient bien raides, puis j'ai appliqué la teinture couleur cendre. Ama avait sans doute très envie de dormir, car tout du long il n'a pas arrêté de dodeliner de la tête. J'avoue que je l'ai un peu pris en pitié, mais après tout c'était pour son bien. Quand j'ai terminé d'appliquer la teinture et que je lui ai enveloppé le crâne dans un film plastique, il m'a souri en m'adressant un regard vide.

« Merci, Lui », dit-il.

Pendant une seconde je me suis demandé

si je devais lui montrer l'article, mais j'ai décidé que non et j'ai filé à la salle de bains pour me laver les mains.

« Tu crois que maintenant je pourrais passer pour un type pas trop moche ?

— J'ai jamais dit que t'étais moche », dis-je en passant la tête par la porte de la salle de bains.

Ama a éclaté de rire et ajouté :

« Tu sais, si tu me le demandais, je serais prêt à me raser le crâne pour toi. Et même à m'habiller comme un garçon Barbie pour faire comme toi. Et même si tu me demandais de renoncer à mon bronzage et d'avoir la peau blanche, tu sais très bien que je le ferais.

— Lâche-moi un peu, Ama. »

Il n'était pas moche. Bon, d'accord, il avait une sorte de regard fixe qui pouvait mettre mal à l'aise, mais dans l'ensemble je dirais plutôt qu'il tombait dans la catégorie des beaux garçons. Malgré tout, avec son tatouage et son visage couvert de piercings, je crois qu'on avait du mal à décider s'il était moche ou mignon. En fait, si je ne l'avais pas connu et que je le rencontrais simplement dans la rue, je me dirais sans doute : « Quelle jolie petite gueule bousillée. »

Quand même, je savais bien ce qu'il ressentait. Après tout, moi aussi je voulais que les gens me jugent d'après mon apparence. Je me dis souvent que, si le soleil éclairait jusqu'au moindre recoin de la planète, je trouverais moyen de me métamorphoser en ombre.

Une dizaine de minutes après l'application de la teinture, Ama a commencé à s'agiter et à demander :

« Alors, ça y est ? »

Je crois que j'aurais pu être un peu plus sympa avec lui, mais j'étais bien décidée à éliminer de ses cheveux jusqu'à la moindre trace de rouge, si bien que j'ai fini par laisser la teinture pendant plus d'une demi-heure. Ensuite, après avoir retiré le film plastique de son crâne, je lui ai ébouriffé les cheveux.

« Tu fais quoi ? demanda-t-il.

— J'oxyde ta chevelure. Le contact avec l'air renforce la couleur. »

Après m'être assurée que la teinture était réussie et uniformément répartie, j'ai dit :

« Ça y est. »

Et je lui ai passé une serviette.

« Ouf », a fait Ama en se dirigeant vers la salle de bains d'un pas lourd.

Puis, en attendant qu'il ait pris sa douche, j'ai jeté un autre coup d'œil au journal. Je n'arrêtais pas de me dire que ça ne pouvait pas être Ama, mais je ne comprenais pas pourquoi cet article me troublait à ce point, d'autant qu'Ama ne me plaisait pas plus que ça.

Quand Ama est sorti de la douche, je l'ai coiffé. Il me regardait dans le miroir, il clignait des yeux et souriait.

« Arrête ça, dis-je, tu me donnes envie de gerber. »

Alors il s'est renfrogné sans me quitter des yeux.

Avant qu'il ne puisse parler, j'ai dit :

« Ama, à partir de demain, tu porteras toujours des chemises à manches longues.

— Pourquoi ? Il fait encore chaud.

— Arrête de gémir. Tout le monde te

prend pour un gangster à cause de tes débardeurs.

— Bon, d'accord », dit Ama, l'air vexé.

Il fallait que je me débrouille pour cacher ces tatouages. Ils se voyaient comme le nez au milieu du visage et les flics avaient peut-être de bonnes raisons pour ne pas en parler. Mais peut-être que je réagissais trop violemment ou que j'interprétais les choses de travers.

Quoi qu'il en soit, j'ai réussi à le convaincre de m'écouter et, même s'il avait l'air complètement ahuri par mes exigences soudaines, il a baissé la tête et dit :

« D'accord, je te le promets. » Puis il m'a serrée dans ses bras en murmurant : « Tout ce que tu voudras, Lui. »

Et tandis qu'il m'entraînait vers le lit, j'ai pensé que ce garçon-là ne pouvait absolument pas être un assassin. Ça ne collait tout bonnement pas. Je me suis donc dit que tout allait pour le mieux et qu'Ama était simplement un crétin hors normes, toujours prêt à rire en ma compagnie. Quand nous avons été au lit, il a relevé ma robe pour me sucer un mamelon. Assez vite, j'ai senti ses succions faiblir, son souffle se ralentir. J'ai remis ma robe en place, éteint la lumière et fermé les yeux. Dans l'obscurité je me suis surprise à prier, même si je ne savais pas très bien à qui j'adressais mes prières, et en un rien de temps le sommeil m'a submergée.

Le lendemain vers midi j'ai été réveillée par la sonnerie de mon téléphone. C'était le patron d'une agence d'hôtesses pour qui j'avais déjà travaillé, mais j'étais très contente de ne plus faire ce genre de boulot depuis un certain temps déjà; ce patron m'a dit qu'une fille venait de lui faire faux bond et je me suis retrouvée à accepter malgré moi de la remplacer pour la soirée. En fait, je crois que ma voix a trahi mes réticences, car le patron a augmenté mes honoraires habituels pour me proposer trente mille yens, ce qui était vraiment bien.

Depuis un certain temps je vivais grâce à l'argent d'Ama et j'envisageais même de renoncer à bosser pour ne dépendre que de lui. Mais j'ai trouvé cette proposition trop alléchante pour la refuser et je me suis levée pour me préparer. Après tout, trente mille yens nous permettrait à tous les deux de nous offrir une bonne cuite.

La première fois que j'ai bossé pour cette agence, c'était il y a six mois et parce que c'était très facile. Il suffisait de s'inscrire dans une agence, après quoi on choisissait les boulots qu'on avait envie de faire et on était toujours payée le jour même. Et puis ce n'est pas vraiment un travail épuisant. Il suffit de servir des boissons et en gros d'être jolie lors de soirées organisées dans des hôtels, après quoi on touche environ dix mille yens pour deux heures de boulot.

J'ai retrouvé le patron et les autres filles à la réception de l'hôtel. Comme j'étais un peu en retard, je crois que le patron commençait à se faire des cheveux. Son visage s'est détendu dès qu'il m'a vue, il m'a souri et dit :

« Je suis très heureux que vous ayez pu venir. »

Au vestiaire, chaque fille a reçu un kimono. J'ai commencé par aider les filles qui ne savaient pas comment le mettre correctement. Quand j'ai débuté dans ce boulot, moi non plus je ne savais pas comment mettre le mien, mais j'ai appris en regardant les autres faire et maintenant je n'avais plus le moindre problème avec ça. Le kimono qu'on m'avait donné était rouge vif et je devais aussi mettre une perruque châtain que j'avais apportée avec moi. C'est vrai, on ne peut pas arborer une chevelure blonde quand on travaille comme hôtesse dans une soirée respectable, mais je ne comptais pas me teindre les cheveux simplement pour cette occasion.

Alors que je glissais mes dernières boucles blondes sous la perruque, le patron s'est approché pour me dire :

« Mademoiselle Nakazawa. »

Je me rappelle que j'ai trouvé étrange d'entendre quelqu'un prononcer mon nom de famille, car ça ne m'était pas arrivé depuis longtemps. Je commençais même à oublier que j'en avais un.

« Hum, vos boucles d'oreilles... ajouta-t-il en s'excusant presque.

— Oh, mais bien sûr », dis-je en les touchant.

J'avais failli les oublier. C'est sans importance si tu portes des boucles d'oreilles classiques, mais mes calibre 0 n'allaient pas forcément très bien avec un kimono et elles feraient forcément mauvaise impression lors d'une respectable soirée entre hommes d'affaires. Je les ai donc retirées toutes les cinq et rangées dans ma trousse de maquillage. Alors j'ai aperçu les deux dents. Je me suis de nouveau posé des questions sur Ama et le voyou, demandé si la police avait remarqué que deux dents manquaient dans la bouche de la victime.

« Mademoiselle Nakazawa ? »

C'était encore le patron.

Légèrement agacée, je me suis retournée :

« Oui ? »

J'ignorais ce qu'il allait dire, mais il avait l'air plutôt surpris et il m'a demandé :

« S'agit-il d'un clou ? »

J'ai aussitôt compris qu'il faisait allusion à ma langue.

« Oui, en effet.

— Pouvez-vous l'enlever ?

— Eh bien, le fait est que je viens de le mettre en place. Je n'ai donc pas vraiment envie de l'enlever.

— Ah », fit-il avec une grimace, en se demandant quoi répondre ; mais j'ai aussitôt interrompu ses réflexions en ajoutant :

« Ne vous inquiétez pas. Tout ira bien. Ce soir, je ne compte pas tenter de gober les mouches ni rien. »

Je me suis approchée de lui avec un sourire engageant.

« Oh, tout est pour le mieux, alors », marmonna-t-il, ses traits se détendant à mesure que mon sourire durait.

Je savais le manipuler avec mon sourire et les autres filles en étaient conscientes. Voilà sans doute pourquoi la plupart d'entre elles ne m'aiment pas.

Nous sommes entrées dans la salle de réception, un plateau à la main ; nous avons servi les cocktails et souri. C'était la soirée classique et assommante, agrémentée d'un buffet garni. Au bout d'un moment j'ai rejoint l'arrière-salle avec Yuri, l'une des rares filles avec qui je m'entendais bien, et nous avons fait semblant de trier des bouteilles vides tout en éclusant de la bière et en parlant avec excitation des piercings de langue.

« J'arrive pas à croire que t'as fait un trou dans ta langue. »

Sa réaction était presque la même que celle de Maki.

« C'est à cause d'un type, pas vrai ? fit Yuri avec un sourire en brandissant le pouce pour le représenter.

— Je crois bien que oui. Mais la langue percée me plaisait davantage que le type en question. »

Bientôt notre conversation est passée de la langue au sexe, et nous étions toutes les deux très délurées quand le patron est venu nous chercher. Chacune a éclusé une dernière gorgée de bière avant de s'administrer un spray d'haleine propre et de retourner à la soirée.

Après le boulot j'ai compté un total de treize cartes de visite provenant de divers cadres sups et, quand la soirée a été terminée, Yuri et moi avons trié notre butin.

« Celle-ci a l'air bien. Directeur général. » Yuri classait ses cartes de visite dans l'ordre de ses préférences.

« Mais je me rappelle pas sa tête, et puis c'est sans doute un vieux chnoque tout ratatiné. »

Quant à moi, je ne m'intéressais absolument pas à ces richards en costard et j'étais sûre qu'ils réagiraient de même face à une fille qui avait un clou de langue. Mais je réussissais toujours à faire bonne figure dans ce genre de pince-fesses, à jouer le rôle de la jeune Japonaise avenante et polie, et à recevoir un bon paquet de cartes de visite. Mais ce n'était pas vraiment à moi qu'ils les refilaient, toutes ces cartes. Ils les donnaient à un personnage que je jouais seulement pour l'occasion. En tout cas, dès que ma langue serait proprement fendue en deux, je ne ferais plus jamais ce genre de boulot, pensais-je en la regardant dans le miroir et en attendant avec impatience que le trou s'agrandisse.

Après une autre réception dans un autre hôtel où nous avons rejoué le même scénario, nous avons enfin fini le boulot à huit heures. Je suis retournée à l'agence avec Yuri pour toucher ma paie, puis nous avons décidé de marcher ensemble jusqu'à la gare. En chemin, mon téléphone a sonné. Yuri a de nouveau brandi le pouce, faisant ainsi allusion à mon petit ami, puis elle a levé les yeux au ciel en riant. Quand j'ai vu le nom d'Ama s'afficher sur l'écran, j'ai compris que j'avais oublié de lui laisser un mot ou de lui envoyer un mail avec mon portable.

« Allô ? Lui ? Où es-tu ? Que fais-tu ? »

Quand il m'a mitraillée de questions, j'ai eu l'impression qu'il allait pleurer.

« Désolée. On m'a appelée au débotté pour que je fasse un petit boulot d'hôtesse. Je suis sur le chemin de la maison.

— Quoi ? Je savais pas que tu bossais. C'est quoi ce “petit boulot d'hôtesse” ?

— Ouh là, calme-toi. C'est rien qu'un temps partiel. Rien de compromettant. »

Yuri faisait des efforts désespérés pour ne pas éclater de rire en me regardant faire le gros dos sous le feu des questions. Ama a fini par recouvrer un peu de sang-froid et nous sommes convenus de nous retrouver devant la gare. Dès que j'ai raccroché, Yuri a hurlé de rire.

« Il te laisse pas vraiment les coudées franches, hein ?

— Ouais, parfois il est comme un gosse.

— Moi je trouve ça plutôt mignon », dit-elle en me donnant un coup de coude.

*Si seulement il n'était que mignon...* pensai-je avant de soupirer. Yuri et moi nous sommes alors séparées, afin de poursuivre chacune notre chemin à partir de la gare. Je suis restée vingt minutes dans le train, puis, une fois arrivée à ma station, j'ai gravi les marches vers la sortie. J'ai avisé Ama de l'autre côté du tourniquet et je lui ai fait signe. Il a levé la main pour me saluer, mais il arborait une expression complètement dépitée.

« Je suis rentré à la maison et tu étais partie! Pas de mot, rien du tout! J'ai cru que tu m'avais quitté! Je me suis fait un sang d'encre », lâcha-t-il comme s'il était à bout de souffle.

Mais quand nous sommes entrés dans un restaurant *yakiniku*, il s'était vaguement calmé.

« Maintenant nous pouvons savourer un peu de luxe », dis-je.

Ama m'interrogeait inlassablement sur mon travail. Et lorsqu'il a été enfin convaincu qu'il n'y avait rien de louche là-dessous, il a retrouvé son sourire craquant.

« J'aimerais bien te voir en kimono », dit-il en pressant un citron au-dessus de mon assiette.

La bière descendait aisément et le bœuf était délicieux. Ç'a vraiment été un dîner parfait. Un truc vraiment étrange. Je veux dire, je suis la première à pester contre le travail, mais dès qu'on a fini de bosser, la bière a nettement meilleur goût. Je crois qu'elle m'a mise de bonne humeur, car j'ai complimenté Ama sur la nouvelle couleur de ses cheveux et ses blagues idiotes m'ont fait rire aux larmes. J'ai eu l'impression que tout allait bien. Que rien ne pouvait aller de travers.

L'été était déjà terminé, mais la chaleur suintait de partout. Trois semaines environ avaient passé depuis que Shiba-san m'avait montré le tatouage du Kirin à *Desire*, et j'ai soudain eu un appel de lui :

« Je me suis vraiment fait chier à le dessiner, dit-il avant de m'expliquer pourquoi en détail, finissant son monologue par : J'ai vraiment hâte de te le montrer. »

A ce moment-là j'étais ravie de l'évolution du trou de ma langue, que j'avais agrandi jusqu'au calibre 12. J'ai donc décidé d'aller « regarder quelques boucles d'oreilles », et j'ai demandé à Ama de m'accompagner. Et nous voilà tous les deux partis pour *Desire*. Une fois là-bas, Shiba-san nous a emmenés dans la pièce de derrière, il a ouvert un tiroir de son bureau et en a sorti une feuille de papier.

« Ouah, c'est vraiment super ! » s'écria Ama.

Il n'a pas été le seul à réagir de la sorte : ce dessin m'a complètement fascinée. Et Shiba-san s'en est aperçu. Il n'arrêtait pas de frimer comme un gamin qui vient de recevoir un jouet :

« C'est cool, hein ?

— Exactement ce que je voulais. »

J'avais pris ma décision dès que je l'avais vu. A la seule pensée de ce splendide animal sur mon dos, mon cœur battait plus vite. Un Kirin qu'on aurait dit capable de s'envoler d'une seconde à l'autre de la feuille de papier, ses pattes avant dressées très haut, comme s'il allait bondir sur le dragon. Une paire de compagnons exquis, inséparables l'un de l'autre, jusqu'à la fin de mes jours.

« Okay, dit Shiba-san avec un sourire.

— C'est génial, Lui ! » s'écria encore Ama en me pressant les mains entre les siennes.

Je n'arrivais pas à croire que j'allais l'avoir sur le dos, ce tatouage. Le plus beau dessin que j'aie jamais vu était celui de ce tatouage qui m'appartiendrait bientôt. Aussitôt nous avons discuté de sa taille idéale et de son emplacement, choisissant enfin une échelle de trente centimètres sur quinze et une surface allant de sous mon épaule gauche jusqu'à ma colonne vertébrale, à travers tout le haut de mon dos.

Nous avons aussi décidé quand nous commencerions – dans trois jours.

« Ne bois pas d'alcool la veille au soir. Et couche-toi le plus tôt possible. Ça peut être vraiment éreintant de se faire faire un tatouage comme celui-ci », dit Shiba-san tandis qu'Ama opinait du chef tel un initié.

« T'inquiète. Je vais bien m'occuper d'elle », dit Ama en enlaçant les épaules de Shiba-san.

Et pendant une fraction de seconde, Shiba-san m'a fusillée du regard comme le jour où nous avions baisé ensemble. Je lui ai rendu son regard mauvais avec un sourire et j'ai alors constaté ses efforts pour se retenir de sourire à son tour.

Ensuite, Ama a suggéré que nous devrions tous aller manger quelque part. Shiba-san a fermé le magasin un peu plus tôt que d'habitude et nous sommes sortis tous les trois dans la rue. Dès que nous avons marché sur le trottoir, les passants se sont écartés de notre chemin.

« Tout le monde nous regarde à cause de toi, Shiba-san, dit Ama.

— Moi ? Et toi alors ? Fringué comme une espèce de gangsta déglingué !

— J'ai l'air plus normal en gangsta que toi en punk !

— Vous en faites pas, vous avez l'air terrifiant tous les deux, dis-je pour leur clouer le bec.

— Un gangster, un punk et une poupée Barbie. C'est vraiment une combinaison à la con, dit Ama dont le regard allait et venait entre Shiba-san et moi.

— Comme je te l'ai déjà dit mille fois, je ne suis *pas* une poupée Barbie, protestai-je. Merde alors ! J'ai envie de bière. Allons dans un *izakaya*. »

Nous avons marché encore un peu parmi la foule de cette rue du centre-ville, Ama et Shiba-san jouant mes gardes du corps, jusqu'au moment où nous avons trouvé un *izakaya* d'une chaîne bon marché. En entrant nous avons retiré nos chaussures et on nous a emmenés vers une pièce où l'on s'asseyait à la japonaise, tandis que les autres clients nous dévisageaient avant de se détourner d'un air gêné. Nous avons porté un toast avec nos cannettes, avant de nous lancer dans une discussion animée sur les tatouages. Ama a commencé en nous parlant de son expérience personnelle, puis Shiba-san a suivi avec des histoires horribles tirées de ses débuts d'artiste tatoueur, avant d'évoquer la passion avec laquelle il avait dessiné le Kirin. Vers la fin de notre repas, les deux garçons étaient torse nu et discutaient de la méthode particulière employée à tel endroit, du type de gradation caractérisant tel motif, etc. Je me rappelle que, pour la première fois, je voyais Shiba-san qui semblait s'amuser et cette idée m'a fait sourire. Il ne m'avait jamais montré cet aspect de sa personnalité quand nous étions seuls, mais je crois que même les sadiques sont parfois capables de sourire d'une oreille à l'autre.

Je descendais bière sur bière et j'étais moi-même assez excitée, leur hurlant « Rhabillez-vous ! » et leur criant de la fermer. L'un dans l'autre, ç'a été un dîner très marrant, avec beaucoup de bière et un magnifique dessin bientôt sur mon dos. A croire que ces trois choses étaient tout ce dont j'avais besoin dans la vie.

Quand Ama s'est levé pour aller aux toilettes, Shiba-san s'est penché afin de me caresser la tête.

« Pas de critiques, alors ?

— Pas la moindre », dis-je.

Nous avons échangé un sourire en nous regardant dans les yeux.

« Je vais le tatouer magnifiquement », ajouta-t-il avec dans la voix une force qui m'a fait me réjouir de l'avoir rencontré.

« Ce ne devrait pas être trop difficile avec ton talent, dis-je.

— La main de Dieu », rétorqua Shiba-san avec un sourire torve. Son regard est devenu très froid quand il a examiné sa main ouverte posée sur la table. « Mais comment vais-je réagir si tout à coup je me trouve submergé par le désir de te tuer ? »

« Alors ce serait la fin de tout, j'imagine », dis-je avant de boire une gorgée de bière.

Ce faisant, j'ai aperçu Ama qui revenait des toilettes.

« Tant mieux. Car je n'ai jamais ressenti

aussi fort le désir de tuer quelqu'un », dit Shiba-san une fraction de seconde seulement avant qu'Ama ne s'assoie avec son sourire éclatant épinglé aux lèvres.

« Le siège des W.-C. était couvert de vomi. Ça a failli me faire gerber. »

Les paroles d'Ama ont suffi pour faire retourner l'atmosphère à la normale. Enfin, une atmosphère aussi normale que possible, compte tenu du fait que j'étais assise entre un type qui pour moi avait battu un voyou au point de le rendre méconnaissable, et un autre type qui désirait me tuer. Je me suis demandé si un jour viendrait où l'un d'eux me tuerait.

Le surlendemain, Ama a sorti du frigo toutes les boissons alcoolisées pour les ranger dans le placard des toilettes. Puis il a fermé ce placard avec un cadenas.

« Tu fais quoi, là ? Tu te comportes comme si j'étais une espèce d'alcoolique, dis-je.

— Eh bien, c'est ce que tu es, grosso modo, répondit Ama en fourrant la clef dans sa poche. Maintenant, t'avise pas d'aller acheter de la bière au supermarché pendant mon absence », ajouta-t-il en partant travailler.

Mais pour qui me prenait-il ? Pour une débile mentale ? Évidemment que je pouvais passer une journée entière sans boire d'alcool, pensai-je en flanquant un petit coup de coude dans le placard des toilettes. Mais ce soir-là, quand Ama est rentré, je dois reconnaître que je pensais seulement à la bière. En fait, ça n'avait rien d'étonnant, car depuis belle lurette je picolais dans la journée et tous les soirs. Je crois que c'était devenu un élément tellement naturel de mon existence que je ne remarquais même plus la quantité d'alcool que je buvais. Et j'ai donc été vraiment surprise de ressentir même la plus légère douleur liée au manque. En réalité ça m'a sérieusement fait chier, et quand Ama est rentré à la maison je me suis défoulée sur lui. Je crois qu'il s'y attendait un peu, car il s'est contenté d'essayer de me calmer.

« Je te l'avais dit, commença-t-il, t'en as peut-être pas conscience, mais t'as besoin de ta dose d'alcool.

— Oh, je t'emmerde! m'écriai-je. Ça n'a rien à voir avec l'alcool. C'est le simple fait de voir ta gueule de con qui me fout les boules!

— Bon, comme tu voudras, Lui. Parlons d'autre chose pour l'instant, il faut que tu dînes et que tu te mettes au lit de bonne heure. Demain c'est le grand jour. »

J'ai été encore plus furax d'entendre Ama m'ordonner de me calmer, mais je me suis malgré tout préparée pour sortir. En guise de dîner, nous avons mangé quelques pauvres tranches de bœuf cuites en ragoût avec un bol de riz et, bien sûr, pas de bière. Mais ce plat très sucré exigeait de la bière et j'ai dû noyer ses saveurs écœurantes dans le *shichimi* pour essayer de le rendre vaguement appétissant. Ama n'a cessé de m'agacer prodigieusement en me couvant des yeux comme une insupportable mère poule. Je lui ai même claqué le crâne deux ou trois fois, mais sans résultat notable.

De retour dans la chambre, Ama s'est mis à me donner des ordres, à me dire de faire ci et de faire ça. Ainsi, quand je suis sortie de la salle de bains il m'a forcée à mettre mon survêt et à boire une tasse de lait chaud où il avait ajouté plein de sucre. Après quoi il m'a traînée jusqu'au lit, même s'il était seulement huit heures.

« Je vois vraiment pas comment je vais réussir à dormir aussi tôt.

— Essaie juste, Lui. Veux-tu que je compte les moutons pour toi ? »

Avant que je n'aie eu le temps de répondre, il a commencé, si bien que j'ai cédé et fermé les yeux. Alors qu'il approchait du centième mouton, son rythme a ralenti, il m'a soudain prise dans ses bras et serrée très fort contre lui.

« Je peux venir avec toi demain ?

— Il faut que tu ailles travailler demain », objectai-je.

Ama a baissé la tête.

« C'est pas que j'ai pas confiance en Shiba-san, mais je suis un peu inquiet. Je veux dire, vous allez être tous les deux seuls, non ? »

J'ai soupiré.

« Tu n'as aucune inquiétude à te faire. C'est un professionnel. Il ne va pas me sauter dessus, assurai-je d'une voix ferme.

— Okay », fit-il.

Mais je voyais bien qu'il n'était toujours pas rassuré.

« Fais quand même attention. Sans blague. Parfois, je ne sais vraiment pas ce que ce type pense.

— Eh bien, tu sais, tout le monde n'est pas aussi facile à piger que toi. »

Ama a éclaté de rire, mais son rire manquait de conviction. Ensuite il m'a déshabillée avant de me demander de m'allonger sur le ventre, tandis qu'il m'embrassait et me caressait le dos sans jamais s'arrêter.

« Alors comme ça, dès demain il va y avoir un dragon dansant ici même...

— Et un Kirin.

— Ça paraît honteux de bousiller une aussi belle peau blanche. Mais je suis sûr que tu seras encore plus sexy avec un tatouage. »

Il n'arrêtait pas de m'embrasser et de me caresser le dos, puis il s'est mis en position pour me pénétrer par-derrière. Et comme d'habitude il a fini par jouir sur ma chatte, et comme d'habitude je l'ai abreuvé d'injures avant d'aller prendre une douche.

Quand je suis revenue dans la chambre, il s'est encore excusé et il m'a massé tout le corps, de la tête aux pieds. Mes muscles se sont détendus, ma conscience s'est brouillée, j'ai senti le sommeil m'envahir. Ma dernière pensée de la journée : demain matin, avant de partir, je vais agrandir mon trou de langue pour passer au calibre 10.

Le lendemain quand je suis arrivée à *Desire*, la pancarte FERMÉ était déjà en place. Il faisait très chaud dans les rues, ma robe était déjà tachée de sueur. La porte n'était pas fermée à clef et, quand je l'ai ouverte, j'ai croisé le regard de Shiba-san qui, assis derrière le comptoir, buvait une tasse de café.

« Bienvenue ! » s'écria-t-il d'une voix enjouée.

Puis il m'a fait signe de l'accompagner dans la pièce de derrière, où j'ai vu le dessin du Kirin et du dragon posé sur une table. Il a pris un sac en cuir noir, il l'a posé sur la table et lentement ouvert. A l'intérieur j'ai aperçu toute une collection d'instruments que je n'ai pas reconnus. Une tige équipée d'aiguilles multiples, par exemple, et toute une flopée d'encres de couleurs variées.

« Bien dormi la nuit dernière ?

— Oui, Ama m'a mise au lit à huit heures. »

Shiba-san a pouffé de rire et installé quelques draps sur le lit.

« Maintenant déshabille-toi et allonge-toi face au placard », dit-il en sortant du sac les aiguilles et les encres, sans m'accorder le moindre regard.

J'ai donc enlevé ma robe et mon soutien-gorge avant de m'allonger sur le lit.

« Aujourd'hui nous allons tatouer le contour du motif. C'est le plus important ; alors si tu veux changer quelque chose, c'est le moment ou jamais de me prévenir. »

J'ai relevé le buste avant de me retourner vers lui.

« J'ai une seule demande à te faire. Je ne veux pas que le dragon ou le Kirin ait des yeux. »

Shiba-san a semblé stupéfait pendant une seconde avant d'ouvrir la bouche.

« Tu veux dire que tu ne désires pas que je dessine les pupilles ?

— C'est ça. Pas d'yeux du tout.

— Mais pourquoi ?

— As-tu déjà entendu parler de la légende de *garyoutensei* ? Tu sais, celle où le peintre Choyousou peint un dragon blanc sur le mur d'un temple ? Bref, quand il dessine les yeux, le dragon est devenu vivant et il s'est envolé au Paradis. »

Shiba-san a lentement acquiescé, les yeux perdus dans le vague, puis il m'a regardée.

« Okay, je pige. Je ne leur dessinerai pas d'yeux. Mais pour éviter de déséquilibrer les visages, va sans doute falloir que je fasse des dégradés de vert autour des yeux pour compenser. Ça te convient ?

— Pas de problème. Merci, Shiba-san.

— Tu es une fille égoïste », dit-il en s'asseyant sur le siège installé au bout du lit et en me caressant les joues.

Puis il a rasé le duvet sur mon dos, entre l'épaule gauche et la hanche, il a désinfecté la peau avec une gaze et il a tracé le contour du dessin sur mon dos avec du papier calque. Il a ensuite pris un miroir pour me montrer le résultat en me demandant si ça me convenait. Je lui ai répondu que c'était parfait et il s'est mis à fouiller dans ses instruments jusqu'à ce qu'il trouve ce qui ressemblait à un gros stylo-bille doté d'un manche. J'ai pensé que c'était l'instrument qu'il allait utiliser pour le tatouage.

Je me suis encore retournée afin de montrer ma langue à Shiba-san.

« Regarde, j'ai agrandi le trou jusqu'au calibre 10 », dis-je.

Shiba-san a eu un sourire éclatant et dit :

« Tout se passe bien. Mais ne va pas trop vite. C'est pas comme pour les oreilles. Si jamais t'as une infection de la langue, tu vas morfler comme t'as jamais morflé.

— Je vais y aller doucement, promis-je.

— T'as eu mal, non ? dit-il en faisant courir son index sur mes lèvres.

— Oui. »

Il m'a passé la main sur la tête. « Okay. On y va. »

Quand il a posé sur mon dos le gant caoutchouté froid qui gainait sa main, je lui adressé un bref signe de tête pour lui dire que j'étais prête. Alors, presque aussitôt, j'ai ressenti une violente douleur dans le dos. Ça ne faisait pas aussi mal que je m'y étais attendue, mais je ne pouvais pas empêcher tous mes muscles de se raidir chaque fois que l'aiguille s'enfonçait dans la peau.

« Tâche d'expirer quand j'enfonce l'aiguille, et d'inspirer quand je l'enlève. »

J'ai suivi son conseil et c'est devenu un peu moins douloureux. Shiba-san maniait ses aiguilles selon un rythme régulier et environ deux heures plus tard il a terminé le contour. Et pendant tout ce temps il n'a pas prononcé un seul mot. Lorsque je lui jetais un coup d'œil de temps à autre, je le découvrais entièrement concentré sur son travail, ne prenant même pas la peine d'essuyer la sueur qui coulait sur son front. Quand il a enfin arrêté l'aiguille, il m'a essuyé le dos avec une serviette, puis il a allongé le cou et a fait craquer ses vertèbres.

« Tu supportes vraiment bien la douleur, pas vrai ? La plupart des novices arrêtent pas de geindre.

— Ah bon ? Je suis peut-être insensible – voire frigide...

— Ouais, c'est ça. Tu n'étais pas vraiment frigide l'autre jour. »

Il a allumé une cigarette, tiré une longue bouffée dessus, avant de me la placer entre les lèvres. Puis il a sorti une autre cigarette pour lui.

« Très aimable à toi.

— Pas vraiment, dit-il. La première bouffée est toujours la meilleure.

— Moi, je crois que c'est la deuxième. »

Il a eu un petit rire, mais est resté silencieux.

« Alors, as-tu ressenti le désir de me tuer ?

— Oui. J'ai dû me concentrer à fond sur le tatouage pour m'ôter cette idée de l'esprit. »

Toujours allongée sur le ventre, j'ai tendu le bras pour faire tomber la cendre de ma cigarette dans le cendrier, avant de la regarder s'effondrer sous son propre poids et de suivre des yeux d'autres particules vagabondes qui descendaient doucement vers la surface de la table.

« Si tu décides un jour que tu veux mourir, alors laisse-moi te tuer », dit Shiba-san en me posant la main sur la nuque. J'ai souri et acquiescé. Il a souri à son tour et m'a demandé : « Pourrai-je baiser ton cadavre ?

— Je me fiche de ce qui arrive à mon corps après ma mort », répondis-je avec un haussement d'épaules.

Après tout, on dit bien que les morts ne racontent pas d'histoires. Dans ce cas, il n'y a sans doute rien de plus absurde que de se trouver dans l'incapacité de donner son opinion. Je me demande alors pourquoi les gens paient des fortunes pour avoir une pierre tombale. Je veux dire que dans mon cas précis je ne m'intéresserai absolument plus à mon corps si mon esprit n'y vit plus. J'en ai rien à foutre d'être dévorée par des chiens.

« Mais je réussirais peut-être pas à bander – si je ne peux pas te voir souffrir. »

Shiba-san m'a saisie par les cheveux pour me relever le visage. Mes muscles du cou se sont tétanisés sous cette traction brutale et, quand mon visage a exprimé la souffrance, il m'a saisi le menton pour m'obliger à lever les yeux vers lui.

« Tu veux me sucer ? »

Je me suis surprise à acquiescer, car je ne me sentais pas de refuser ça à Shiba-san. Je me suis assise, j'ai mis la main à sa ceinture tandis que les siennes me serraient le cou. Il m'a étouffée si fort que j'ai bien cru qu'il allait me tuer. Alors il s'est mis à me baiser – mais seulement par-derrière, peut-être pour me protéger le dos. Même lorsqu'il a fini, il a continué de regarder mon dos.

Pour des raisons évidentes je n'ai pas remis mon soutien-gorge. J'ai simplement enfilé ma robe ; Shiba-san, assis torse nu, ne m'a pas quittée des yeux pendant tout ce temps. Je cherchais une corbeille à papiers où jeter la serviette pleine de sperme quand j'ai entendu un bruit. Shiba-san aussi l'a sans doute entendu, car il a froncé les sourcils en se tournant vers l'origine de ce bruit.

« Est-ce que ça pourrait être un client ? Tu n'as pas fermé la porte à clef ? demandai-je.

— J'ai oublié. Mais j'ai mis la pancarte FERMÉ. »

Dès que Shiba-san a prononcé ces mots, la porte s'est ouverte.

« Lui ? fit Ama en entrant.

— Hé, on vient de finir. Tu n'es pas supposé travailler ? » s'enquit Shiba-san en feignant la surprise.

Je suis restée un moment figée sur place, en imaginant la catastrophe s'il était arrivé quelques minutes plus tôt.

« Je suis parti de bonne heure. Je leur ai dit que j'étais constipé.

— Ton patron laisse partir ses employés sous prétexte d'une constipation ? demandai-je, incrédule.

— Eh bien, le boss n'était pas très content, mais il m'a quand même laissé partir », répondit Ama sans saisir le sarcasme de ma question.

J'ai coincé la serviette en papier entre les draps du lit et puis Ama, apercevant mon tatouage, a soudain été tout excité et il a dit :

« Ouah. Fabuleux. Merci, Shiba-san ! »

Puis il s'est tourné vers le tatoueur :

« A propos, tu n'as rien essayé avec Lui, n'est-ce pas ?

— Bien sûr que non. Elle est trop maigre à mon goût. »

Ama a eu l'air soulagé.

« Hé, pourquoi... ? » dit Ama tout à trac sans finir sa phrase, mais d'un air surpris.

Je l'ai dévisagé, en espérant qu'il ne voie pas la culpabilité sur mes traits, puis j'ai jeté un coup d'œil à Shiba-san qui lui aussi avait l'air soucieux.

« Pourquoi le Kirin et le dragon n'ont-ils pas d'yeux ? »

J'ai poussé un soupir de soulagement et répondu :

« J'ai demandé à ce qu'ils soient comme ça. »

Puis je lui ai fourni la même explication qu'à Shiba-san.

« Je vois, dit-il, mais mon dragon a des yeux et il ne s'est toujours pas envolé. »

Je lui ai assené une petite claque joueuse sur le crâne à cause de la bêtise de sa remarque, puis j'ai remis en place l'épaulette de ma robe.

« Ne prends pas de bain pendant quelques jours. Et ne mets pas d'eau sur le tatouage quand tu es sous la douche. Ne le gratte pas ; tamponne-le quand tu te sèches avec une serviette. N'oublie pas de mettre du désinfectant deux fois par jour. Et après le désinfectant, frotte-le avec un peu de crème pour la peau. Et puis, surtout, ne l'expose pas au soleil. Dans une semaine environ, des croûtes vont se former, mais quoi qu'il arrive ne les gratte pas. Dès qu'elles seront tombées et que ta peau ne sera plus enflée, nous passerons à l'étape suivante. En tout cas, appelle-moi quand les croûtes auront disparu, dit Shiba-san en me tapotant doucement l'épaule.

— J'y manquerai pas, Ama et moi avons-nous dit presque ensemble.

— Vous voulez manger quelque chose ? nous proposa Ama.

— Non, répondit aussitôt Shiba-san, il est trop tôt pour moi. »

Et nous sommes partis tous les deux. Sur le chemin de la maison, j'ai tourné la tête le plus loin possible vers mon dos pour essayer de le voir. J'apercevais quelques fragments du Kirin et du dragon que ma robe ne recouvrait pas et j'ai senti qu'Ama me regardait avec des sentiments mitigés.

« Qu'y a-t-il ? » lui demandai-je des yeux.

Mais il a détourné le regard d'un air renfrogné. Comme ce genre de bouderie silencieuse me met toujours en boule, j'ai accéléré le pas pour laisser Ama à un ou deux mètres derrière moi. Comprenant tout de suite mon intention, il m'a saisi la main pour revenir à ma hauteur.

« Lui, pourquoi as-tu mis une robe pour aller là-bas ? Tu t'es retrouvée en culotte pour te faire faire ce tatouage, pas vrai ?

— J'ai pensé qu'ensuite une robe serait plus confortable qu'un tee-shirt. »

La tête toujours baissée et toujours aussi muet, il a simplement accentué la pression de sa main sur la mienne. Puis, quand nous nous sommes arrêtés à un feu rouge, il a enfin levé les yeux vers moi.

« Suis-je ridicule ? » demanda-t-il.

J'ai ressenti pour lui une chose proche de la sympathie. Ça me brisait le cœur de voir un type se donner aussi complètement à moi. Je n'ai plus été sûre de rien.

« Un peu », répondis-je.

Il a eu un sourire gauche. Puis, quand machinalement je lui ai à mon tour adressé un petit sourire, il m'a serrée très fort contre lui – attirant ainsi sur nous les regards de tous les passants.

« Tu n'aimes pas les types ridicules ?

— Pas beaucoup. »

Quand il m'a serrée encore plus fort entre ses bras, j'ai eu du mal à respirer.

« Je suis désolé. Mais comme tu le sais sans doute, je t'aime, Lui. »

Lorsqu'il m'a enfin lâchée, j'ai vu qu'il avait les yeux un peu rouges, ce qui le faisait ressembler à un junkie. Je lui ai donc frotté le crâne, ce qui l'a fait rire comme un gamin demeuré.

Ce soir-là j'ai bu jusqu'à ne plus pouvoir tenir sur mes jambes – littéralement. Ama semblait heureux de s'occuper de moi, alors j'ai continué de boire. Un mois déjà avait passé depuis l'incident de Shinjuku et Ama était toujours avec moi. Je me suis dit que tout allait pour le mieux, et qu'à l'avenir tout irait aussi bien que ce soir. J'avais mon clou de langue, je mourais d'envie de voir mon tatouage terminé et ma langue enfin fourchue.

Je me suis demandé si l'on pouvait considérer ma métamorphose comme une insulte à un dieu quelconque, ou un acte de pur égoïsme. J'ai pensé que ma vie n'incluait aucune possession, aucun lien émotionnel, aucune haine. Et je me suis aussi demandé si mon tatouage, ma langue fourchue, mon avenir n'étaient pas vides de sens.

*

Quatre mois après mon choix du dessin, mon tatouage était terminé. Quatre séances seulement avaient été nécessaires et Shiba-san m'avait baisée après chacune, mais à la fin de la quatrième et dernière séance il m'a étonnée en essuyant lui-même le sperme sur mon ventre avec une serviette en papier.

« Peut-être que je devrais arrêter de faire des tatouages », dit-il en regardant dans le vide.

Comme je n'avais rien à lui répondre, j'ai simplement allumé une cigarette.

« J'envisage de m'installer avec une fille. Tu sais, comme Ama, dit-il.

— Quel rapport avec le fait d'arrêter les tatouages ?

— Y en a un. Il me semble que j'ai peut-être besoin de prendre un nouveau départ dans la vie. Après tout, maintenant que j'ai fini le plus beau Kirin qui soit, je peux rendre mon tablier sans regret », dit-il en se frottant le crâne. Puis il a poussé un profond soupir et ajouté : « C'est des conneries. Oublie ce que je viens de te raconter. Ça fait un bail que j'envisage de changer de boulot. »

Shiba-san était toujours torse nu et son Kirin a attiré mon regard, perché sur son bras tel un monarque régnant sur ses terres.

*

En temps voulu, le dragon et le Kirin ont perdu leurs croûtes, achevant ainsi leur transformation pour devenir partie intégrante de mon corps. Maintenant ils étaient vraiment en ma possession – un mot que j'aimais utiliser quand je pensais à eux, mais qui risquait aussi de se dévaluer après l'excitation initiale, comme n'importe quel truc neuf. Un jour, par exemple, tu as une magnifique jupe neuve qui te ravit. Mais en un rien de temps, cette jupe n'est plus qu'un élément comme un autre de ta garde-robe. Sans doute que ça tient du caprice, le fait de reléguer des fringues au fond du placard après les avoir portées deux ou trois fois seulement. Je crois que je considère le mariage sous le même angle : simplement une situation où deux individus essaient de se posséder l'un l'autre. Et même quand on n'est pas mariés, le type essaie malgré tout de te faire subir le même truc : plus longtemps tu restes avec lui, plus il essaie de te dominer, de faire de toi sa chose. C'est ce qu'on appelle la mentalité « à quoi bon nourrir un poisson s'il est déjà dans ton filet ? ». Mais quand un poisson n'a plus rien à manger, il n'a que deux choix : soit s'enfuir, soit mourir. Pourtant, le désir de possession semble être l'élément commun à tous les rapports humains. Peut-être que ce désir fait appel au sadisme et au masochisme qui existent en chacun de nous. Mais en ce qui me concerne, le monde pouvait bien arrêter de tourner, je savais que je posséderais toujours un dragon et un Kirin magnifiques sur mon dos. Ils ne me trahiraient jamais et, sans yeux, ils ne pourraient jamais s'envoler. Ils seraient toujours, toujours là.

Mon trou de langue, qui avant le début du tatouage pouvait seulement supporter un 10, s'était maintenant habitué à un 6. Et chaque fois que je l'agrandissais, ça me faisait si mal que j'étais convaincue de ne jamais pouvoir l'agrandir encore. Durant plusieurs jours après l'installation d'un clou plus gros, aucun aliment n'avait le moindre goût. Cette douleur constante me rendait aussi très irritable et, à cause de mon égoïsme habituel, je mettais tout sur le dos de ce pauvre Ama. Je suis comme ça, voilà tout : dotée de toute l'intelligence et du sens moral d'une guenon.

*

Derrière la fenêtre le monde était froid et gris. C'était la deuxième semaine de décembre et, dès qu'on mettait le pied dehors, on sentait l'insupportable sécheresse de l'air. Quand on papillonne comme je le fais, un petit boulot par-ci et un autre par-là selon ses envies, on se contrefiche de quel jour de la semaine on est. Mon tatouage était terminé depuis plus d'un mois, mais j'avais toujours l'impression qu'il m'avait vidée de toute mon énergie. Je me convainquais que c'était sans doute à cause de la froideur de l'air, je désirais que les journées passent le plus vite possible, même si je n'avais aucun bénéfice à tirer de cette accélération du temps. Après tout je n'avais aucune raison d'attendre la moindre solution quand je n'étais même pas certaine du problème. La vie me semblait tout simplement vide. Je me réveillais le matin, Ama partait bosser, puis je me rendormais presque tous les jours. De temps à autre, je sortais faire un petit boulot, je baisais avec Shiba-san ou je retrouvais des amies; mais quoi que je fasse, je me retrouvais toujours déprimée. Quand Ama rentrait le soir, nous sortions dîner, nous partagions un plat de ci ou de ça, accompagné de bières. Puis nous rentrions à l'appart pour continuer de picoler jusqu'à ce qu'arrive l'heure de nous coucher. Je me suis demandé si mon vrai problème n'était pas que je devenais peu à peu alcoolique. Ama aussi se faisait du souci pour moi. Il n'arrêtait pas de me dorloter, il faisait l'impossible pour me remonter le moral en parlant avec excitation de choses et d'autres. Ensuite, constatant son échec, il fondait en larmes et s'écriait « Pourquoi ? Pourquoi ? » en disant qu'il se sentait très en colère et très vexé.

Le voir ainsi me donnait envie de réagir à son émotion, mais dès qu'une minuscule graine d'espoir s'enracinait en moi et se mettait à grandir, elle était toujours écrasée sous un tombereau de mépris de soi. Autrement dit, il n'y avait aucune lumière dans ma vie. Ma vie et mon avenir étaient d'un noir absolu, je ne voyais strictement rien au bout du tunnel. Avant cette époque je ne m'attendais certes pas à des choses mirobolantes, mais désormais je m'imaginais parfaitement m'écrouler raide morte dans le caniveau et je n'avais même pas l'énergie de réagir. Au moins, avant que je rencontre Ama, je m'étais toujours préparée à vendre mon corps le cas échéant. Mais maintenant je touchais vraiment le fond, je ne parvenais pas à faire autre chose que manger et dormir. En fait, j'aurais préféré mourir plutôt que d'aller avec des vieillards répugnants. Vraiment, laquelle de ces deux horreurs devais-je privilégier ? Travailler comme prostituée pour vivre, ou bien mourir plutôt que de me prostituer ? Je dirais qu'un esprit sain privilégierait le second choix, mais là encore je ne vois pas ce que le fait de mourir peut avoir de sain. Quoi qu'il en soit, il paraît que les femmes sexuellement actives ont le teint florissant.

Le jour où j'ai agrandi mon trou de langue pour passer au calibre 4, le sang a coulé en abondance et je n'ai pas réussi à manger, si bien que j'ai simplement bu des bières. Ama a dit que j'allais trop vite en besogne, mais je m'en foutais – j'étais pressée. Bien sûr, ce n'était pas vraiment comme si je faisais une course contre la montre ou comme si je souffrais d'une maladie grave, mais j'avais simplement cette conviction indéracinable qu'il n'y avait plus beaucoup de temps. Peut-être existe-t-il certaines périodes de la vie où il faut précipiter les choses.

« As-tu parfois l'impression que tu as envie de mourir ? m'a demandé Ama un soir tout à trac, alors que nous rentrions d'un dîner bien arrosé.

— Tout le temps », dis-je.

Il a lancé un regard vide au fond de son verre de bière, puis il a poussé un soupir et dit :

« Je ne laisserai personne te tuer. Pas même toi. Si tu décides de te suicider, il faudra me laisser m'en occuper. Je ne supporterai jamais que quelqu'un d'autre que moi détermine ton sort. »

Les paroles d'Ama m'ont rappelé Shiba-san. Je me suis demandé auquel des deux je m'adresserai pour faire ça, quand la tentation sera devenue trop forte. Lequel ferait le meilleur boulot ? Ce qui m'a fait penser à *Desire* et décidée à y aller le lendemain. Bizarrement, dès que j'ai pris cette décision, une imperceptible volonté de vivre venue de nulle part m'a envahie.

Après qu'Ama est parti bosser vers midi, je me suis maquillée et j'allais appeler Shiba-san quand il m'a soudain téléphoné. Comme s'il avait lu dans mes pensées ou quelque chose comme ça.

« Salut !

— C'est moi. Tu peux parler ?

— Oui. Je pensais passer te voir à la boutique aujourd'hui. Il y a un problème ?

— Ouais, c'est Ama.

— Qu'y a-t-il ?

— Sais-tu s'il a été mêlé à une embrouille en juillet dernier ? »

En entendant la question de Shiba-san, j'ai senti mon corps se crisper et l'image d'Ama tabassant le voyou sans pouvoir s'arrêter m'est revenue en mémoire.

« Je sais pas... Pourquoi me demandes-tu ça ?

— Les flics viennent de passer, ils m'ont demandé de leur montrer ma liste de clients tatoués. Je tiens seulement la liste de leurs premiers rendez-vous et, comme le nom d'Ama n'y figure pas, je crois qu'il n'y a pas de soucis à se faire. Mais quand même...

— Ce n'est pas lui qu'ils cherchaient. Il est resté avec moi tout ce temps-là.

— J'en doute pas. Désolé. C'est juste qu'ils m'ont dit que ce type avait les cheveux rouges. Et tu sais bien qu'à ce moment-là Ama avait les cheveux teints en rouge. Alors je me suis interrogé.

— Je vois », dis-je avant de prendre une profonde inspiration.

Mon cœur battait si fort qu'il me secouait tout le corps et il m'a fallu me concentrer sur ma main pour m'assurer que je ne laissais pas tomber le combiné. Je me suis demandé si je devais me confier à Shiba-san. Ça m'ôterait un énorme poids de l'esprit et j'aimerais connaître son point de vue, mais était-ce vraiment le bon moment pour le faire ? Il risquait d'en parler à Ama. Et Ama risquait de péter les plombs s'il découvrait qu'il y avait eu un article dans le journal. Se rendrait-il à la police ? S'enfuirait-il de la ville ? D'habitude il était très facile à comprendre et nous passions beaucoup de temps ensemble, mais j'ai soudain senti une distance désagréable entre nous quand j'ai compris que je ne savais absolument pas comment il allait réagir. Et puis que se passe-t-il dans la tête de quelqu'un en train de tuer un autre être humain ? L'assassin pense-t-il à l'avenir ? Aux gens qu'il aime ? A son existence jusqu'à cet instant précis ? Comment pourrais-je ne serait-ce que deviner la vérité ? J'étais une fille qui ne voyait aucun avenir pour elle-même ; une fille qui n'aimait personne. Je menais une existence à peine plus palpitante qu'une parodie de l'ébriété. Mais dès que j'y réfléchissais, je m'apercevais que les choses n'étaient pas aussi tranchées. Au fil des semaines, au fil des mois, je découvrais que je commençais vraiment à ressentir quelque chose pour Ama.

« Lui, ne t'en fais pas pour ça. Je suis sûr que c'est rien. Tu vas donc passer me voir aujourd'hui ?

— En fait... Je crois que je vais rester à la maison. Peut-être une autre fois.

— Passe. S'il te plaît. J'ai envie de te parler.

— Je sais pas. Je vais voir comment je me sens. »

J'ai raccroché, puis arpenté la chambre un moment en essayant de m'éclaircir les idées. Malheureusement, mes idées avaient d'autres projets, moyennant quoi je me suis sentie furieuse et j'ai décidé de boire un verre. J'ai ouvert une grosse bouteille de saké qu'Ama et moi envisagions de boire ensemble, j'en ai porté le goulot à mes lèvres et j'ai avalé direct. Ça avait encore meilleur goût que je ne m'y attendais et ça descendait tout seul. J'ai senti l'alcool emplir mon estomac vide. J'ai bu jusqu'à ne plus pouvoir avaler, puis j'ai fini de me maquiller et je suis sortie.

*

« Bonjour.

— Bonjour ? Depuis quand es-tu aussi guindée avec moi ? dit Shiba-san en fronçant les sourcils et en se retournant vers le seuil de *Desire*.

« On dirait que tu portes le poids du

monde entier sur les épaules », ajouta-t-il avec un sourire.

J'ai souri faiblement en retour et j'ai marché jusqu'au comptoir. L'odeur âcre d'un bâton d'encens qui brûlait sur le comptoir a touché mes narines et j'ai aussitôt eu envie de vomir.

« Je ne blague pas. Y a quelque chose qui cloche chez toi.

— Quoi, par exemple ?

— Quand t'ai-je vue pour la dernière fois ?

— Il y a environ deux semaines.

— Combien de kilos as-tu perdus depuis ?

— Je sais pas. Ama n'a pas de balance chez lui.

— Tu es maigre comme si tu étais malade. Et pâle comme un linge. Et puis tu pues l'alcool. »

J'ai regardé mon reflet dans la vitrine. C'était la vérité. Je ressemblais à une libellule. J'arrivais pas à croire que j'avais l'air aussi mal en point. Je crois que c'est ce qui arrive quand on perd tout désir de vivre, ai-je pensé. Je me suis rappelé que j'ingérais seulement de l'alcool ou presque, avec une poignée de cacahuètes ou de biscuits salés qui constituaient ma seule nourriture. En fait, impossible de me souvenir à quand remontait mon dernier repas digne de ce nom. Mais sur le moment j'ai trouvé ça vraiment drôle et je n'ai pas pu m'empêcher d'éclater de rire.

« Ama ne te nourrit pas correctement ?

— Ama ? Il est sans arrêt sur mon dos pour que je mange plus, mais je suis très heureuse de picoler.

— Si tu continues comme ça, tu vas mourir de faim. Alors comment vas-tu faire pour te suicider ?

— Je ne vais pas me suicider, dis-je en passant devant Shiba-san pour rejoindre la pièce de derrière.

— Je vais chercher quelque chose à manger. Que veux-tu ?

— De la bière.

— J'ai déjà de la bière au frigo. Quoi d'autre ?

— Shiba-san, as-tu déjà tué quelqu'un ? »

Il m'a dévisagée pendant une seconde, et

son regard m'a traversée d'une douleur soudaine.

« Eh bien... » Il a marqué une longue pause qui m'a paru durer une éternité. « Oui », fit-il avant de s'approcher pour me caresser les cheveux.

Je ne sais pourquoi les larmes m'ont brusquement empli les yeux avant de ruisseler sur mes joues.

« Quelle impression ça fait ? demandai-je d'une voix hachée de sanglots.

— Ça fait du bien », répondit-il comme si je venais de lui demander des nouvelles de son bain. J'interrogeais de toute évidence la mauvaise personne.

« Du bien ? fis-je en regrettant d'avoir fondu en larmes.

— Déshabille-toi.

— Je croyais que tu sortais faire des courses.

— Tes larmes me font bander. »

J'ai retiré tous mes vêtements sauf ma culotte et mon soutien-gorge, puis j'ai tendu la main vers Shiba-san qui portait une chemise blanche et un pantalon gris. Il a défait sa ceinture, puis m'a prise dans ses bras et m'a portée jusqu'au lit. Ma chatte a réagi à son regard inflexible – comme dans une étrange version sexuelle du chien de Pavlov.

Quelques secondes plus tard il m'a semblé que ses doigts et son pénis étaient partout. Ils me sondaient, m'aiguillonnaient, me faisaient gémir et grimacer de douleur et de plaisir. J'avais l'impression que, chaque fois que nous baisions ensemble, ses doigts gagnaient en violence. C'était sans doute un signe de sa passion, pensais-je, mais s'il continuait ainsi, un de ces quatre il finirait par me tuer.

Quand nous avons fini, je suis restée sur le lit et Shiba-san s'est levé pour aller chercher ses cigarettes. Puis il s'est assis près de moi, il a allumé sa cigarette et dit :

« Pourquoi ne pas te marier avec moi ?

— C'est de ça que tu voulais parler ?

— Oui. Tu ne t'en sors pas avec Ama. Et Ama ne s'en sort pas avec toi. Tous les deux, vous êtes incompatibles.

— Et toi et moi, on est quoi ?

— Non. Ça n'a rien à voir. J'ai vraiment envie de me marier. » Il a prononcé ces mots d'une voix nonchalante, mais c'était tout de même un truc bizarre à dire : *J'ai vraiment envie de me marier.* Difficile d'imaginer une proposition de mariage moins enthousiaste.

Shiba-san a ouvert le tiroir du bureau pour en sortir un objet métallique.

« J'ai pris un peu d'avance et je t'ai fait une alliance », dit-il en me tendant une bague que, pour ma part, je n'aurais certes pas qualifiée d'alliance.

Car c'était un énorme bijou qui me recouvrait tout le doigt, depuis la première phalange jusqu'à l'ongle. Ce bijou possédait même des articulations qui permettaient de plier le doigt et il était aussi punk que possible. Par ailleurs, il était très bien fait.

« Tu as fabriqué ça ?

— Oui, c'est un de mes passe-temps. Mais selon moi, c'est pas vraiment ton truc.

— Ouah... Eh bien, il est... massif », dis-je en éclatant de rire, ce qui a fait sourire

Shiba-san. « Merci », ajoutai-je en embrassant Shiba-san.

D'un mouvement de tête il a évité mon baiser avant de déclarer qu'il allait faire un saut au magasin d'alimentation. Quand Shiba-san a quitté la boutique, j'ai repensé à ce qu'il venait de dire sur notre incompatibilité, à Ama et moi. Que signifiait au juste le fait d'être compatibles ? Était-il même concevable pour deux personnes d'être entièrement compatibles ?

Je me suis mise à réfléchir à l'éventualité d'un mariage, même si cette perspective me semblait irréaliste et ridicule. En fait, tout me semblait très éloigné, comme si je n'étais plus reliée à ce monde. Les pensées qui me venaient à l'esprit. Ce qui se passait sous mes yeux. La cigarette que je tenais entre l'index et le majeur. Tout se passait comme si je me voyais vivre de très loin. Il n'y avait rien que je puisse croire, rien que je puisse sentir. Oui, la seule sensation capable de me ramener à la vie était celle d'une douleur aiguë.

Shiba-san est revenu du magasin d'alimentation avec quelques courses.

« Tiens, mange un peu de ça. Au moins quelques bouchées. »

Il a posé devant moi une part de côte de porc au riz et une autre de bœuf au riz.

« Laquelle veux-tu ?

— Aucune, merci. Je peux avoir une bière ? »

Je me suis levée avant que Shiba-san n'ait eu le temps de répondre et j'ai pris une autre bière dans le frigo. Puis je me suis assise sur une chaise en tubes, à côté du bureau, et j'ai renversé la tête en arrière pour boire au goulot. Shiba-san m'a regardée avec une expression qui disait *désespéré*.

« Très bien, continue comme ça. Rien à foutre. Informe-moi simplement si tu as envie de te marier, d'accord ?

— Ça me va ! » fis-je en terminant ma bière.

Je suis rentrée avant la tombée de la nuit. Dehors soufflait un vent froid. Je me suis demandé combien de temps encore j'allais pouvoir vivre ainsi et j'ai eu l'intuition que ça ne durerait pas. Dès que je suis arrivée chez Ama, je me suis mis un clou de calibre 2. Aussitôt le sang a coulé et la douleur a été si violente que j'en ai pleuré, mais j'ai continué de pousser jusqu'à ce que le clou soit bien en place. Je savais que dès son retour Ama en serait furieux et j'ai descendu une autre bière pour engourdir la douleur en l'attendant. Mais il n'est jamais revenu.

Il était arrivé quelque chose, j'en avais la conviction. Après tout, depuis que nous vivions ensemble, pas une seule fois il n'était pas rentré à l'heure. Pas une seule fois. Il revenait toujours dans cette chambre où je l'attendais. Nous avions toujours vécu ainsi et nous étions certains qu'il en serait toujours ainsi. Même s'il risquait seulement de quitter son travail avec un très léger retard, il me téléphonait immanquablement.

J'ai appelé son portable, mais sans que la sonnerie ne se déclenche une seule fois j'ai aussitôt eu son répondeur. J'ai essayé encore et encore, mais le résultat était toujours le même. Cette nuit-là je n'ai pas dormi du tout et, au matin, j'avais des valises sous les yeux. Je ne savais pas quoi faire, j'ai commencé à me mettre en rogne contre Ama, qui me laissait ainsi seule. Je me suis demandé ce qu'il pensait. Ce qu'il faisait. Mais quelque part au fond de moi, j'ai deviné avec horreur qu'un pan entier de mon existence touchait doucement à sa fin.

« Ama. »

Ma voix bouleversée se répercutait contre les murs de la chambre – une chambre sans Ama. J'avais mis un clou de langue de calibre 2 et j'avais envie de lui apprendre la nouvelle. J'avais envie qu'il sourie et qu'il soit heureux pour moi. Qu'il me dise qu'il était content de me voir encore plus près de la langue fourchue. Qu'il se mette en rogne contre moi parce que j'avais descendu tout le saké que nous devions boire ensemble.

J'ai enfin réussi à me calmer un tout petit peu, assez pour arrêter de réfléchir. Alors j'ai pris mon courage à deux mains, j'ai franchi la porte et je suis sortie avec une détermination nouvelle.

« Faut pas forcément faire partie de la famille pour signaler une personne disparue ? demandai-je au poste de police.

— Non, c'est pas obligé. »

J'aurais volontiers flanqué mon poing dans la figure de ce flic, à cause de son attitude blasée.

« Mais si vous voulez le faire, faut apporter une photo du disparu. »

Je suis ressortie sans répondre et je me suis mise à marcher d'un pas vif dans la rue, sans savoir où j'allais. Alors ça m'a frappée de plein fouet :

« Je connais même pas le nom d'Ama... » marmonnai-je.

Sans nom de famille, je ne pouvais pas signaler sa disparition à la police.

Quand j'ai vu Shiba-san, il a scruté mon visage furieux comme s'il désirait dire quelque chose.

« Comment s'appelle Ama ? demandai-je.

— Hein ? Qu'est-ce que tu manigances ?

— Ama n'est pas rentré à la maison. Il faut que je signale sa disparition.

— Quoi ? Tu ne connais même pas son nom ?

— Non.

— Mais vous vivez ensemble, tous les deux.

— Je sais, dis-je tandis que les larmes me montaient aux yeux.

— Ne pleure pas. Tu as forcément vu son nom sur la porte, sur des lettres ou du courrier », dit Shiba-san en me regardant dans les yeux avec une expression de complète surprise, peut-être à cause de la soudaineté de mes larmes.

« Ama n'a pas inscrit son nom sur la porte de sa chambre et la boîte aux lettres est tellement bourrée de prospectus que je n'ai jamais pris la peine de l'ouvrir.

— Hier, il est parti au travail comme d'habitude, non ? Et il n'est pas revenu hier soir ?

— Non. Il n'est pas rentré depuis qu'il est parti travailler hier.

— Pourquoi te fais-tu autant de souci ?

Ça fait seulement une nuit. Je suis certain que tout va bien. Ne panique pas parce qu'il a découché une nuit. C'est plus un gosse, tu sais. »

Son incapacité à saisir la situation commençait à m'irriter sérieusement.

« Tout le temps où nous avons vécu ensemble, Ama n'a jamais eu le moindre retard sans m'en avertir. Il m'appelle même s'il risque d'avoir juste une demi-heure de retard. »

Shiba-san a baissé la tête vers le comptoir sans rien dire. Puis il m'a regardée en marmonnant :

« Quand même... »

Peut-être que je n'aurais pas dû m'inquiéter autant et j'ai commencé à me demander si Shiba-san avait raison. Peut-être qu'il n'y avait aucun souci à se faire. Ça faisait une seule nuit, comme il disait. Mais non, je devais partir à la recherche d'Ama. Je cédais au désespoir, toutes sortes de possibilités me traversaient l'esprit. Alors j'ai décidé de livrer le fond de mon cœur à Shiba-san.

« Ama a peut-être tué quelqu'un.

— Tu veux dire le petit mac de Shinjuku, dont parlaient les flics ?

— C'était de ma faute. Si j'avais ignoré ce type-là, Ama ne l'aurait jamais tabassé. J'ai pas réussi à croire à sa mort. Alors, quand j'ai lu l'article dans le journal, j'ai pas cru que c'était la même personne. J'étais certaine qu'il s'agissait d'un autre type. Je refusais de croire qu'Ama pouvait être mêlé à ça...

— Si tu signales sa disparition, Ama risque de se faire choper par la police. S'il a découvert que la police le recherche et s'il est en cavale, il a plus de chances de s'en tirer si nous faisons comme si nous ne le connaissions pas.

— Mais je m'inquiète pour lui. Je souffre de pas savoir où il est, ce qu'il fait, à quoi il pense. Et puis je sais qu'Ama tenterait pas de s'enfuir tout seul, comme ça. Il m'aurait dit quelque chose. Il aurait tenu à m'avoir auprès de lui. »

Shiba-san a semblé un moment pensif. Puis il a dit :

« Okay. Allons-y. »

Il a fermé le magasin et nous sommes

allés au poste de police. Il a rempli un formulaire qui signalait les disparitions, puis il a tendu au policier une photo d'Ama torse nu.

« Je savais pas que tu possédais sa photo, dis-je.

— Hein ? Ah oui, je l'ai prise quand je lui ai tatoué son dragon.

— M. Kazunori, Amada... » dit le flic en regardant le formulaire.

Ainsi, par la bouche d'un parfait inconnu travaillant dans un poste de police, j'ai entendu pour la première fois le vrai nom d'Ama. Ce n'était pas Amadeus après tout, ai-je pensé. Je me suis dit que j'allais lui passer un savon mémorable à cause de ça, dès que je le reverrai ; et à cette seule pensée j'ai de nouveau eu les larmes aux yeux. Je les ai senties monter, puis déborder en un flot incontrôlable.

« Ça va ? » demanda Shiba-san en me caressant les cheveux.

Mais je ne pouvais pas m'empêcher de pleurer. J'ai rejoint l'entrée du poste de police et je me suis effondrée sur un banc. Pourquoi ? Pourquoi a-t-il disparu aussi brusquement ? me suis-je mise à crier, pliée en deux.

Un peu plus tard, une fois la paperasse terminée, Shiba-san m'a rejointe. J'avais toujours la vision brouillée, je n'arrivais pas à m'arrêter de pleurer. J'avais l'impression d'être une enfant en m'essuyant les yeux sur la manche de mon manteau.

Shiba-san et moi avons pris un taxi jusqu'à l'immeuble d'Ama.

« Ama ? » lançai-je de la porte, mais il n'y a pas eu de réponse.

Shiba-san m'a caressé la tête par-derrière et il a essuyé mes larmes lorsqu'elles ont de nouveau jailli. Une fois dans la chambre, je me suis laissée tomber sur le plancher et je me suis de nouveau effondrée. Assis sur le lit, Shiba-san m'a regardée pleurer.

« Pourquoi ? Pourquoi ? » criai-je en martelant le sol.

L'anneau que Shiba-san m'avait offert claquait bruyamment contre les planches du sol et curieusement ce fracas rythmé faisait redoubler mes pleurs. Pourquoi ? Pourquoi me laissait-il toute seule ? Dès que mes larmes se sont arrêtées, j'ai senti la colère monter en moi. J'ai serré les dents, jusqu'à avoir mal aux mâchoires, puis j'ai continué de serrer jusqu'à ce que j'entende quelque chose craquer au fond de ma bouche. J'ai passé ma langue dans ma bouche et senti un éclat provenant d'une dent plombée. J'ai broyé cet éclat entre mes dents et je l'ai avalé. « Deviens une partie de moi, ai-je pensé. Deviens ma chair et mon sang. » Car je désirais que tout devienne une partie de moi. Je désirais tant qu'Ama devienne une partie de moi. Il m'aimait et j'aurais préféré qu'il ne fasse plus qu'un avec moi plutôt qu'il disparaisse de mon existence. Car alors je ne serais plus jamais séparée de lui. Il disait que j'étais très importante pour lui. Alors pourquoi m'avait-il quittée ? Comment pouvait-il me quitter ?

Le silence qui régnait dans la pièce a soudain été brisé par un gémissement de douleur qui est monté du plus profond de mon être. J'ai ouvert la boîte à bijoux que je partageais avec Ama et j'en ai sorti un clou de langue. Seulement hier, je venais d'agrandir le trou au calibre 2 et il était hors de question de l'agrandir encore avant longtemps. Mais j'ai sorti un clou court et carré – le clou de calibre 0 – et j'ai vu Shiba-san pâlir quand il a compris mes intentions.

« C'est un 0, pas vrai ? Mais hier seulement tu portais un 4. »

Je ne me suis même pas retournée pour lui répondre. A la place, je me suis installée devant le miroir, j'ai retiré le clou de calibre 2 et j'ai commencé à faire entrer en force le clou 0. A mi-chemin une violente douleur m'a traversée, mais au lieu de m'arrêter je l'ai enfoncé entièrement. Shiba-san a tendu la main pour essayer de me l'arracher, mais c'était déjà trop tard. Le clou était solidement installé dans ma langue.

« Merde alors, tu fais quoi ? »

Shiba-san m'a ouvert la bouche et a regardé ma langue d'un air mécontent.

« Tire la langue. »

J'ai obéi. Aussitôt le sang a dégoutté de ma langue sur le sol en même temps que les larmes qui ruisselaient sur mes joues.

« Enlève-le. »

Quand j'ai secoué la tête, il a encore blêmi.

« Je t'ai dit de ne pas aller trop vite », fit-il en me prenant dans ses bras.

C'était la première fois qu'il me serrait ainsi contre lui. Sans savoir comment réagir, je suis restée là au creux de ses bras, en avalant le sang qui jaillissait de ma langue.

« Je vais la fendre en deux dès que j'aurai installé un 00 », dis-je.

Mes paroles étaient aussi brouillées et lentes que le sourire d'Ama.

« D'accord. D'accord. »

J'ai remarqué que mes larmes ne coulaient plus. Je me suis demandé ce qu'Ama dirait en voyant le clou 00 dans ma langue. J'étais sûre qu'il sourirait et serait heureux pour moi. Il dirait : « Plus longtemps à attendre. » Je savais qu'il serait heureux pour moi.

J'ai bu de la bière et pleuré, encore et encore, en attendant Ama. Shiba-san ne me quittait pas des yeux une seule seconde, mais il ne disait rien. Enfin, la nuit est arrivée. Il s'est mis à faire froid dans la chambre et j'ai commencé à frissonner. Sans rien dire, Shiba-san a allumé le chauffage et m'a mis une couverture sur les épaules tandis que je restais là, assise et immobile. Ma langue ne saignait plus, mais les larmes continuaient par à-coups. Mes sentiments alternaient entre la tristesse et la colère. Enfin l'horloge a sonné sept heures – l'heure à laquelle Ama rentrait d'habitude du travail. Toutes les dix secondes je levais les yeux vers l'horloge, je n'arrêtais pas d'ouvrir et de refermer mon portable. J'ai encore appelé plusieurs fois le téléphone d'Ama, mais je tombais chaque fois sur le répondeur.

« Tu sais dans quelle boutique Ama travaille ?

— Tu le sais pas, toi ? » rétorqua Shiba-san avec étonnement.

Il avait raison. Je ne savais rien.

« Non, je l'ignore.

— C'est un magasin de fringues d'occasion. Chacun de vous deux ignore vraiment tout de l'autre, alors ? Tu n'as donc pas encore contacté ce magasin ?

— Non. »

Shiba-san a ouvert son portable et passé en revue son carnet d'adresses.

« C'est moi, fit-il. J'appelle à cause d'Ama... Oui, il est pas venu bosser, hein ? Oui. Il n'est pas rentré chez lui... Sais pas encore. Oui. Je te contacterai dès qu'il y aura du neuf. »

De toute évidence personne dans ce magasin ne savait rien. Shiba-san a raccroché et soupiré.

« Ce type m'a dit qu'hier Ama a quitté le boulot à l'heure habituelle, mais qu'on ne l'a pas vu aujourd'hui. Il a pas appelé pour dire qu'il était malade, ni rien. Le type était furax. Il a essayé de joindre Ama sur son portable, mais sans résultat. Ce type que je connais est le propriétaire du magasin où Ama bosse. Je lui avais demandé de me rendre service en l'embauchant. »

J'ignore tout d'Ama. Jusqu'à hier, je croyais que tout ce que j'avais besoin de savoir sur lui c'était ce que je voyais de mes propres yeux. Mais je comprends maintenant que je suis aveugle et idiote de m'être limitée à ça. Pourquoi ne lui ai-je pas demandé son nom ? Pourquoi ne l'ai-je pas interrogé sur sa famille ?

« Ama a-t-il une famille ?

— J'en suis pas sûr. Il me semble qu'il a au moins un de ses parents. Je crois me souvenir d'Ama parlant de son père.

— Oui », marmonnai-je en fondant de nouveau en larmes.

« Allons chercher quelque chose à manger. Je meurs de faim. »

Dès que Shiba-san a prononcé ces paroles, je me suis remise à pleurer. Je me gorgeais de bière, mais Ama se plaignait toujours de ce qu'il mourait de faim avant de me traîner dehors pour acheter quelque chose à manger.

« Je vais rester ici. Mais vas-y, Shiba-san. »

Shiba-san n'a rien dit. Il a simplement rejoint la cuisine et il s'est mis à fouiller dans le réfrigérateur.

« Tout ce que t'as c'est de la gnôle », dit-il enfin en sortant un paquet d'intestins de calmar salés. Alors le téléphone de Shiba-san a sonné.

« Ça sonne », dis-je d'une voix beaucoup plus forte que je ne m'y attendais.

Mon cœur battait si fort que j'en avais la nausée. J'ai posé la main sur ma poitrine, j'ai pris le portable et je l'ai lancé à Shiba-san. Il l'a attrapé et a répondu.

« Allô ? Oui. Ah, oui. Je comprends. Nous arrivons tout de suite. »

Shiba-san a raccroché, puis il a posé la main sur mon épaule en me regardant droit dans les yeux.

« Ils ont découvert un corps à Yokosuka. C'est peut-être pas Ama, mais ce corps a un tatouage de dragon. Ils veulent que nous nous rendions à la morgue pour identifier le corps.

— Okay. »

Ama était mort. L'Ama que j'ai vu à la morgue n'était plus un être humain, mais seulement un corps. Le garçon nommé Ama n'existait plus. J'ai failli m'évanouir en découvrant les photos qui montraient comment ils l'avaient trouvé. Un dessin en forme de toile d'araignée était gravé au couteau sur son buste et il avait des brûlures de cigarette sur tout le corps. On lui avait arraché tous les ongles. Il était nu. Et puis un truc qui ressemblait à un bâton d'encens était planté au bout de son pénis.

Ses cheveux courts avaient été arrachés par endroits, son cuir chevelu était à vif, ensanglanté. Quelqu'un l'avait emmené en enfer avant de le tuer. Cette personne qui m'appartenait, torturée et tuée par un inconnu. J'ai senti les lumières s'éteindre sur le monde, j'ai compris que jamais plus je ne ressentirais une telle douleur, un tel désespoir.

Le corps d'Ama devait être autopsié – découpé une fois encore – et mon esprit épuisé ne ressentait plus la moindre colère. Voici les dernières paroles que j'avais adressées à Ama :

« Sois prudent ! »

Je les avais hurlées sans même me retourner vers lui, car j'avais déjà en tête ma visite à *Desire*.

Chaque fois que je trébuchais, je trouvais la main de Shiba-san; et il m'a rattrapée quand à la morgue je suis tombée à genoux.

J'avais eu raison. Il n'y avait aucune lumière dans mon avenir. Il n'y avait pas d'avenir.

« Secoue-toi un peu, Lui.

— Je peux pas.

— Mange au moins quelque chose.

— Je peux pas.

— Alors essaie de dormir.

— Je peux pas. »

Après la découverte du corps d'Ama, j'ai habité un moment chez Shiba-san et nous avons eu cette même conversation un nombre incalculable de fois.

Il faisait claquer sa langue d'un air désapprobateur et disait alors :

« On peut même pas discuter normalement. »

L'autopsie a révélé qu'Ama avait été étranglé, mais qu'il était toujours vivant durant ses horribles mutilations.

Pourtant, je n'avais rien à foutre de tous ces détails sordides. Je voulais juste que les flics trouvent le type qui avait fait ça. Il y avait sûrement des indices. D'abord j'ai pensé au type qui s'était barré en courant ce fameux soir à Shinjuku, mais après avoir vu le corps j'ai changé d'avis. Les tortures subies par Ama semblaient beaucoup trop extrêmes, ce n'était pas le travail d'un voyou à la petite semaine. Quel genre d'individu prendrait le risque de laisser autant d'indices en prenant le temps d'infliger toutes ces brûlures de cigarettes ? Quel genre de psychopathe lui enfoncerait un bâton d'encens dans le pénis ?

Quoi qu'il en soit, j'ai regretté que ce tortionnaire n'ait pas jeté le corps dans la baie de Tokyo. De cette façon au moins, sa victime n'aurait peut-être jamais été retrouvée et j'aurais pu continuer de croire qu'Ama était toujours vivant, quelque part.

Selon moi, la police ne s'inquiétait pas trop de ce qui était arrivé à ce pauvre Ama, car par le passé la victime avait elle-même tué un voyou. Après tout, la mort d'Ama mettait un terme à ce cycle d'événements. Et rien n'avait vraiment d'importance.

Je suis allée à l'enterrement d'Ama. Le père d'Ama avait un visage aimable et il m'a accueillie avec chaleur. Il n'a pas semblé gêné par mes cheveux blonds pourtant déplacés en l'occurrence et si voyants au-dessus de mon ensemble noir. Au crématorium, ils ont entrouvert le couvercle du cercueil pour montrer le visage d'Ama, mais je n'ai pas réussi à m'en approcher. Je ne voulais pas lui dire au revoir. Je tenais à croire que l'Ama récemment vu à la morgue était toujours vivant et que la personne enfermée dans le cercueil était quelqu'un d'autre. Je n'avais pas d'autre choix que de fuir la réalité, mais chaque fois que j'essayais d'échapper à la souffrance, cette même souffrance me disait que j'étais sans nul doute tombée amoureuse de lui.

« Quand l'assassin sera-t-il pris ? ai-je demandé à un policier après l'enterrement.

— Nous faisons ce que nous pouvons.

— Et vous faites quoi au juste ?

— Lui, arrête », s'interposa Shiba-san en me saisissant le bras.

Que faisaient donc ces policiers à l'enterrement, alors qu'ils ne parvenaient même pas à mettre la main sur l'assassin ? La colère me submergeait.

« Quoi ? Vous croyez que mes questions sont déplacées ? Vous me trouvez idiote de vous dire de faire votre putain de boulot, c'est ça ? Vous allez lâcher l'affaire, pas vrai ? Parce qu'Ama a tué quelqu'un, vous pensez savoir quel genre d'individu il était ? Eh bien, vous ne le savez pas. Vous ne le saurez jamais ! Et vous pouvez tous aller en enfer !

— Ça suffit, Lui. Tu pètes les plombs. »

Je me suis laissée glisser par terre et j'ai fondu en larmes. Allez vous faire foutre. Je vous emmerde. J'ai regretté de ne pas avoir un vocabulaire plus fourni pour exprimer pleinement toute l'étendue de ma douleur et de ma haine. Mais mon vocabulaire est limité. Je suis tout bonnement ridicule. Voilà ce que je suis.

Cinq jours avaient passé depuis la mort d'Ama, mais ils n'avaient toujours pas découvert l'assassin. Pendant tout ce temps je n'ai pas quitté la maison une seule fois depuis mon retour de l'hôpital ; Shiba-san m'a donc demandé de venir travailler avec lui à la boutique, où je réside depuis lors. Il a parfois essayé d'avoir des rapports sexuels violents avec moi, mais il n'a pas réussi, car je demeurais sans expression même lorsqu'il m'étranglait. Peut-être était-ce parce qu'à ces moments-là, je désirais qu'il aille jusqu'au bout et me tue. Si je lui avais dit de le faire, il se serait sans doute acquitté de cette mission avec joie. Mais je ne le lui ai jamais dit. Peut-être parce que j'avais trop peur, parce que je désirais encore vivre ou parce que je voulais croire qu'Ama était toujours vivant. En fait, la seule chose dont j'étais certaine, c'était que moi je vivais toujours. Et sans Ama je menais une existence ennuyeuse. Une existence monotone, dépourvue de toute excitation, de toute sexualité. Pour couronner le tout, j'avais aussi arrêté de manger : moi qui avais pesé quarante-deux kilos six mois plus tôt, je n'en pesais plus que trente-quatre. Je trouvais parfaitement absurde de manger, quand nous passons notre temps à transformer les aliments en merde et à les évacuer sous cette forme. Mais j'avais encore besoin d'aller aux toilettes, même si je n'absorbais rien d'autre que de l'alcool. Apparemment à cause de ce qu'on appelle le supplément fécal, notre corps conserve en permanence une réserve de merde. Voilà en tout cas ce que le médecin a déclaré à Shiba-san. Et à moi, il a dit que, si je continuais à perdre du poids comme je le faisais, j'allais mourir. Il m'a recommandé une hospitalisation, mais Shiba-san a refusé. Je n'ai pas compris pourquoi il prenait la peine de s'occuper d'une fille qu'il ne pouvait même pas baiser.

« Lui, peux-tu installer les bijoux sur ce présentoir ? »

Obéissante, j'ai pris quelques sachets de boucles d'oreilles ainsi que d'autres bijoux que je venais d'étiqueter et je me suis dirigée vers le présentoir. Shiba-san nettoyait la boutique de fond en comble. Il tâchait d'éliminer les toiles d'araignée et de repartir de zéro, pensais-je. Je me suis alors rappelé que l'année touchait à sa fin. Que les journées étaient plus froides. Que Noël approchait. En fait, quand j'y repense, peut-être n'essayait-il pas de repartir de zéro, mais effectuait-il tout simplement le traditionnel nettoyage du Nouvel An.

« Shiba-san.

— Tu crois pas que maintenant tu peux laisser tomber le *san* ? »

Je me suis demandé si je devais en

conclure qu'il nous considérait désormais comme formant un couple.

« Je m'appelle Kizuki Shibata. »

Je le savais, car j'avais vu la plaque sur la porte de son appartement.

« Ça sonne comme un nom de fille, *Kizuki*, pas vrai ? Je sais pas pourquoi, mais tout le monde m'appelle Shiba.

— Comment devrais-je t'appeler ?

— Kizuki me convient. »

Ama et moi n'avions jamais eu une conversation comparable. Une conversation de couple normal. Voilà peut-être pourquoi j'avais tant de regrets et je ne pouvais accepter sa disparition. Je regrettais par exemple de ne pas avoir parlé de choses normales avec lui, du passé, de nos noms, de nos âges respectifs, etc. A l'enterrement j'ai appris pour la première fois qu'il avait dix-huit ans. J'ai seulement découvert après sa mort que je sortais avec un type plus jeune que moi pour la première fois de ma vie. J'avais dix-neuf ans, un an de plus que lui. C'était le genre de choses dont un couple normal aurait parlé dès la première rencontre.

« Kizuki. »

J'ai trouvé étrange de l'appeler ainsi, mais j'ai décidé de le faire.

« Qu'y a-t-il ?

— Ce présentoir est déjà complet. Je ne peux rien y ajouter.

— Alors mets-les n'importe où. Installe-les sur l'autre présentoir, si tu préfères. Ou bien fourre-les dedans comme ça. »

J'ai poussé les sachets contenant les boucles d'oreilles dans le présentoir. Il n'y avait vraiment plus de place, mais ces sachets sont entrés malgré tout. La vue de ces boucles d'oreilles m'a fait penser à Ama. Après sa mort, je n'ai même pas pris la peine d'agrandir encore mon trou de langue, bien que la douleur ait disparu depuis un moment déjà. Peut-être que mon trou de langue n'avait plus aucun sens, maintenant qu'il n'y avait plus personne pour m'en féliciter. Peut-être que j'avais tenté d'avoir la langue fourchue uniquement pour partager mes sensations avec Ama. Si j'agrandissais encore le trou, je devrais passer au 00. C'est à ce moment-là qu'Ama s'était fendu la langue en deux.

Mais mon désir, jusque-là si fort, avait soudain fait long feu, alors que je touchais presque au but. Après tout, à quoi bon avoir la langue fourchue maintenant que j'avais perdu Ama et mon intérêt pour ce processus ? Je suis retournée au comptoir, je me suis assise sur une chaise en tubes et j'ai regardé dans le vide. Je n'avais envie de rien.

« Lui, ça t'ennuie si je te demande comment tu t'appelles ?

— Tu veux le savoir ?

— C'est pour ça que je te demande.

— Lui est un raccourci pour Louis Vuitton.

— Non, ton vrai nom.

— Lui Nakazawa.

— Lui est donc ton vrai prénom. Et ta famille ? Tu as toujours tes parents ?

— Les gens croient toujours que je suis orpheline, mais j'ai mes deux parents. Ils habitent Saitama.

— Vraiment. Je m'attendais pas à ça. Je crois qu'un de ces jours il faudra que je leur rende visite. »

Je me suis demandé pourquoi les gens

me prenaient toujours pour une orpheline. En fait, mes deux parents étaient vivants et il n'y avait aucun problème dans notre famille.

Shiba-san a continué d'épousseter les présentoirs et j'ai passé la journée à le regarder.

Le lendemain je ne suis pas restée à *Desire*. Je suis allée au poste de police. Ils avaient appelé dans la matinée pour nous dire qu'ils avaient du neuf. Comme Shiba-san devait aller ouvrir le magasin, j'ai décidé de rendre visite aux flics toute seule. J'ai mis un peu de maquillage et une robe qu'Ama aimait bien, ainsi qu'un cardigan et un manteau pour ne pas avoir froid.

« Toutes les brûlures de cigarettes venaient de Marlboro Menthol, dit le policier, et nous procédons à des analyses de la salive. Autre chose, le bâton d'encens inséré dans le pénis. C'est une marque appelée Ecstasy. Importée des États-Unis. Au musc. »

Et alors, putain? A quoi peuvent bien servir toutes ces informations? pensai-je en sentant la colère monter en moi. Ama,

Shiba-san, Maki, moi – nous fumions tous des Marlboro Menthol. Ça ne voulait rien dire.

« On peut acheter de l'encens partout, rétorquai-je sèchement.

— Sans doute, oui. Mais cette marque se vend seulement dans la région de Kanto. Et puis, hum... il y a autre chose que nous voulions vous demander aujourd'hui. »

J'ai remarqué une soudaine crispation de ses traits.

« Savez-vous si M. Amada avait des tendances bisexuelles ? »

C'était donc ça. Ma colère a décuplé. Je savais très bien qu'il ne voulait pas me blesser, mais je mourais d'envie de lui balancer en pleine gueule mon poing armé de la bague que Shiba-san m'avait donnée.

« Pourquoi cette question ? Ama a été violé ?

— L'autopsie indique que c'est bien le cas, oui. »

J'ai pris une profonde inspiration et j'ai fouillé dans mes souvenirs. Ama n'avait aucune tendance sexuelle anormale ; pour lui, la sexualité était une activité routinière, presque monotone. Nous baisions quasiment tous les jours, et c'était tellement banal que je commençais à me désintéresser de cette activité. Il n'avait certainement pas été bisexuel. La seule pensée qu'il avait été violé par un autre type m'a rendue malade.

« Non, il n'était pas bisexuel. Je m'en porte garante. Il n'avait pas ce genre de tendance. Absolument pas. »

Je lui ai adressé un long regard haineux avant de tourner les talons et de partir vers *Desire* annoncer à Shiba-san l'absence de tout progrès de l'enquête policière. Je me refusais à croire qu'Ama ait pu être violé.

J'ai ouvert la porte d'entrée de *Desire* et lancé un faible sourire à Shiba-san qui, assis derrière le comptoir, fumait une cigarette. Impossible de lui dire ce qui était vraiment arrivé à Ama. Je ne voulais surtout pas que son image soit souillée dans l'esprit de quiconque.

« Ils n'ont rien trouvé jusqu'ici. »

Shiba-san a souri doucement comme pour m'imiter, puis dit :

« Bon. »

Shiba-san était devenu gentil avec moi

depuis la mort d'Ama. Il parlait toujours comme un sauvage, mais je sentais de plus en plus d'attentions et de gentillesse dans ses expressions et ses actes. Il m'a accompagnée jusque dans la pièce de derrière, puis il est retourné dans le magasin après m'avoir fait allonger sur le lit. Je suis restée étendue là un moment, mais comprenant que je ne trouverai jamais le sommeil à jeun, je me suis levée pour ouvrir le frigo. J'ai débouché une bouteille de mauvais vin rouge et je l'ai descendue en buvant au goulot. Alors j'ai eu faim pour la première fois depuis très longtemps, j'ai pris un morceau de pain dans le frigo, j'en ai rompu un bout et j'ai mordu dedans. Mais le goût de la levure m'a aussitôt donné la nausée, j'ai remis le pain au frigo, dont j'ai claqué la porte. Puis je me suis installée sur la chaise du bureau, la bouteille de vin dans une main, et j'ai sorti de mon sac ma trousse de maquillage. J'ai regardé les deux dents qu'Ama avait appelées « le symbole de mon amour ». Je les ai prises en main pour les faire rouler au creux de ma paume. Je me suis demandé quel sens elles pouvaient bien avoir, maintenant qu'Ama n'était plus de ce monde. Pourquoi même perdais-je mon temps à les regarder ? Chaque fois, je me sentais submergée de désespoir dès que je les rangeais dans mon sac. Peut-être que le jour où j'arrêterais de regarder ces dents serait aussi celui où Ama sortirait de mon esprit ? Alors qu'une fois de plus je les rangeais dans ma trousse de maquillage, quelque chose a attiré mon attention. J'ai vu un paquet allongé, en papier mince, qui dépassait du tiroir du bureau à demi ouvert et, en une fraction de seconde, j'ai craint le pire. J'ai tendu le bras et pris ce paquet dans le tiroir. Encens Ecstasy au musc.

Je me suis aussitôt levée.

« Je sors faire des courses.

— Où ça ? » demanda Shiba-san, surpris.

Mais j'ai filé droit vers la porte sans me retourner ni lui répondre. Je me suis dirigée vers un magasin qui vendait divers produits en provenance de l'Asie et malgré moi je me suis mise à courir.

De retour à *Desire*, hors d'haleine, Shiba-san m'a caressé la tête d'un air soucieux.

« Où es-tu allée, Lui ? Je me suis inquiété.

— Je suis allée acheter de l'encens. Je n'aime pas l'odeur du musc. »

Je suis allée chercher le sachet d'encens dans le tiroir du bureau, j'en ai sorti toutes les baguettes pour les briser en deux avant de les mettre à la poubelle.

« J'ai pris noix de coco à la place, dis-je.

— Quelque chose qui ne va pas, Lui ?

— Non. Ça va. A propos, Kizuki, je crois que tu devrais te faire pousser les cheveux. J'aime bien les garçons aux cheveux longs. »

Ma suggestion l'a fait rire. Avant, il m'aurait sans doute fusillée du regard, ordonné de la boucler, de me mêler de mes oignons, au lieu de quoi il a dit :

« Pourquoi pas ? Je pense que je vais essayer les cheveux longs, histoire de changer. »

Ce soir-là je suis rentrée à la maison avec Shiba-san et j'ai réussi à manger un dîner léger. Les aliments m'ont donné envie de vomir, mais Shiba-san semblait vraiment heureux de me voir manger, alors je les ai gardés. Je me suis ensuite allongée avec lui et je suis restée contre lui jusqu'à ce qu'il s'endorme, et tout le temps mon imagination rejouait des scènes atroces où il étranglait Ama tout en le violant. J'ai imaginé toute une succession de scénarios différents et horribles, par exemple Ama riant durant tout son supplice, ou Shiba-san en larmes. Si Shiba-san était réellement l'assassin, sans doute avait-il étranglé Ama infiniment plus fort qu'il ne m'avait jamais étranglée. Dès que j'ai été certaine qu'il dormait à poings fermés, je suis allée au salon, j'ai ouvert une bière et j'ai regardé les deux preuves d'amour d'Ama. Alors j'ai fouillé sur les étagères, près de la porte d'entrée, jusqu'à ce que je trouve un marteau. J'ai emballé les deux dents dans un sac plastique, puis dans une serviette, après quoi à coups de marteau je les ai réduites en minuscules fragments. Ensuite j'ai mis dans ma bouche tous ces fragments parfois réduits en poudre et j'ai fait descendre le tout avec la bière, et c'est seulement le goût de la bière que j'ai perçu. Alors ç'a été fini. Et ça a suffi pour que la preuve d'amour offerte par Ama fasse à jamais partie de moi.

Le lendemain, je suis allée à *Desire* avec Shiba-san et j'ai ouvert le magasin avec lui. J'ai mangé un petit morceau du pain qu'il m'avait acheté. Un tout petit morceau. Mais ma prouesse lui a suffi, il avait l'air ravi.

« Kizuki, j'ai un service à te demander.

— Quoi donc ? »

J'ai retiré ma robe et me suis allongée sur le lit.

« Tu es sûre ? »

J'ai acquiescé. Il a pris son fameux outil – celui qui ressemble à un stylo-bille – et il s'est préparé à ajouter des yeux à mon dragon et à mon Kirin ; à leur accorder le don de la vie. Je ne savais plus très bien pourquoi j'avais pris la décision de me faire tatouer, mais je savais que cette décision-ci avait beaucoup de sens pour moi. Car je n'accordais pas simplement la vie à mon dragon et à mon Kirin. Je me la donnais à moi-même.

« Tu ne crains pas qu'ils risquent de s'envoler ? » demanda Shiba-san en me perçant la peau du dos avec son aiguille.

« Ils sont libres de faire ce qu'ils veulent. »

J'ai éclaté de rire et lancé un regard à Shiba-san. Alors j'ai soudain compris qu'il ne serait plus capable désormais de me maltraiter comme il l'avait fait jusque-là. Mieux, il comprenait que je commençais à compter à ses yeux. Et encore mieux, il me semblait que c'était bien ainsi.

Si Shiba-san avait réellement violé et tué Ama, curieusement c'était bien ainsi. Et tandis qu'allongée là je ruminais ces pensées, j'ai vu un dragon et un Kirin ouvrir les yeux et me regarder dans le miroir.

Juste avant la fermeture de *Desire*, je suis retournée à l'appartement de Shiba-san. Dès que j'en ai franchi la porte, j'ai lâché mon sac, marché jusqu'au miroir, retiré mon clou de langue et noué du fil dentaire en boucles serrées qui passaient à travers le trou. Quand je le serrais bien fort, je ressentais seulement une douleur sourde et j'ai constaté que seul un pont de cinq millimètres de chair reliait encore les deux parties de ma langue. Bien sûr, la pensée de trancher ce pont sans plus attendre avec un rasoir m'a traversé l'esprit, au lieu de quoi j'ai fini par aller chercher une paire de ciseaux à sourcils pour couper le fil dentaire. Il a jailli de ma langue comme un ressort qui se détend et la douleur a aussitôt disparu. J'ai regardé le résultat dans le miroir. Ama avait-il vraiment désiré une chose pareille ? Un trou vide et absurde, entouré d'une chair à vif que la salive faisait briller ?

Le lendemain matin, je me suis réveillée dans un rai de soleil éblouissant. Une soif terrible m'a poussée hors du lit et vers la cuisine. Dans le frigo j'ai pris une bouteille plastique d'eau glacée et j'ai bu directement au goulot, en sentant le liquide me traverser la langue, la dépasser, puis descendre à travers mon corps pour l'irriguer, comme ma propre rivière secrète.

Shiba-san a ouvert les yeux et s'est lentement redressé dans le lit. Il m'a regardée tandis que j'observais mon reflet dans le miroir, et il s'est frotté les yeux.

« Que fais-tu ?

— Il y a une rivière en moi.

— Comment ça ? Moi aussi j'ai fait un rêve bizarre.

— Quel genre de rêve ?

— Autrefois j'avais un copain fana de hip-hop, j'avais rendez-vous avec lui, mais j'étais en retard. Bref, quand je suis arrivé, il s'est mis en colère contre moi, mais il rappait sa colère. Et puis tout à coup cinq ou six types m'ont entouré, ils rappaient tous ensemble, ils chantaient leur colère contre moi, de plus en plus fort, de plus en plus vite, de plus en plus en colère. »

Je ne l'ai pas quitté des yeux tandis qu'il se levait, mon esprit toujours obnubilé par la rivière qui venait de naître en moi. Je me suis demandé si cette rivière coulerait plus fort si j'agrandissais le trou de ma langue jusqu'au calibre 00. Alors je me suis retournée vers le soleil, dont l'éclat implacable m'a fait plisser les yeux.

*Impression réalisée sur Presse Offset par*

CPI
Brodard & Taupin

La Flèche (Sarthe), 41321

N° d'édition : 3956
Dépôt légal : mai 2004

*Imprimé en France*